Contabilidade
para iniciantes em ciências contábeis e cursos afins

OBRA ATUALIZADA CONFORME
O **NOVO ACORDO ORTOGRÁFICO**
DA LÍNGUA PORTUGUESA.

Dados Internacionais de Catalogação na Publicação (CIP)
(Jeane Passos de Souza – CRB 8ª/6189)

Costa, Rodrigo Simão da
Contabilidade para iniciantes em ciências contábeis e cursos afins : inclui as alterações das Leis nºs 11.638/2007 e 11.941/2009 / Rodrigo Simão da Costa. – 5ª ed. – São Paulo : Editora Senac São Paulo, 2013.

Bibliografia.
ISBN 978-85-396-0408-1

1. Contabilidade 2. Contabilidade (estudo e ensino)
I. Título.

13-141s CDD-657.07

Índice para catálogo sistemático:
1. Contabilidade : Estudo e ensino 657.07

RODRIGO SIMÃO DA COSTA

Contabilidade para iniciantes em ciências contábeis e cursos afins

INCLUI AS ALTERAÇÕES DAS LEIS Nºs 11.638/2007 E 11.941/2009

5ª EDIÇÃO

Editora Senac São Paulo - São Paulo - 2013

ADMINISTRAÇÃO REGIONAL DO SENAC NO ESTADO DE SÃO PAULO
Presidente do Conselho Regional: Abram Szajman
Diretor do Departamento Regional: Luiz Francisco de A. Salgado
Superintendente Universitário e de Desenvolvimento: Luiz Carlos Dourado

EDITORA SENAC SÃO PAULO
Conselho Editorial: Luiz Francisco de A. Salgado
Luiz Carlos Dourado
Darcio Sayad Maia
Lucila Mara Sbrana Sciotti
Luís Américo Tousi Botelho

Gerente/Publisher: Luís Américo Tousi Botelho
Coordenação Editorial: Ricardo Diana
Prospecção: Dolores Crisci Manzano
Administrativo: Verônica Pirani de Oliveira
Comercial: Aldair Novais Pereira

Preparação de Texto: Tulio Kawata
Revisão de Texto: Ivone P. B. Groenitz (coord.), Sandra Kato
Editoração Eletrônica: Nobuca Rachi
Projeto Gráfico e Capa: Antonio Carlos De Angelis
Foto da Capa: Ulrik De Wachter
Impressão e Acabamento: Gráfica CS

Editora Senac São Paulo
Av. Engenheiro Eusébio Stevaux, 823
Prédio Editora – Jurubatuba
CEP 04696-000 – São Paulo – SP
Tel. (11) 2187-4450
editora@sp.senac.br
https://www.editorasenacsp.com.br

Sumário

Nota do editor

Este livro se propõe fornecer ao leitor noções iniciais de contabilidade, que servirão como estofo para futuros estudos na área. Foi dividido em dez capítulos, que abrangem um breve histórico da contabilidade, os tipos de empresa e as modalidades de tributação correspondentes, as demonstrações contábeis obrigatórias, o sistema de escrituração pelo método das partidas dobradas e, por fim, apresenta uma iniciação à análise das demonstrações contábeis.

Escrito de modo didático, *Contabilidade para iniciantes em ciências contábeis e cursos afins* procura refletir o ambiente de uma sala de aula. Os conteúdos são abordados de maneira simples e prática, tornando o livro indispensável tanto para estudantes de contabilidade como para profissionais que se veem na necessidade de conhecer os preceitos fundamentais do universo contemplado por ele.

Nesta nova edição foi disponibilizado material complementar de apoio para o estudante. Basta acessar o link "http://www.editorasenacsp.com.br/informatica/extras_contabilidade.zip" e salvar o conteúdo no seu computador.

Com este livro, o Senac São Paulo contribui com importante material que, acreditamos, irá refletir-se na formação de profissionais mais preparados e na melhor gestão de empresas, governos e entidades.

Introdução

Aqueles que nunca estudaram contabilidade imaginam que se trata de uma área do conhecimento restrita a um determinado grupo de "loucos", chamados contadores, que adoram ficar atrás de pilhas de papéis calculando os impostos das empresas. Aliás, essa é a imagem do contador que muitos alunos têm em mente quando vão ingressar na faculdade.

Basta a aula inaugural da disciplina Introdução à Contabilidade para que essa visão distorcida seja apagada e o interesse em conhecer uma ciência que é de extrema importância não só para as empresas, mas para a existência do homem, seja enfim despertado.

Você deve estar imaginando: mal comecei a ler este livro e o autor já quer puxar a sardinha para o seu lado! Onde já se viu contabilidade ser importante para a existência do homem?

Para comprovar que isso é verdade, basta responder a uma pergunta: você já elaborou uma contabilidade em algum momento de sua vida?

Se você nunca participou do ambiente empresarial, pode estar pensando: "Eu nunca fiz uma contabilidade porque não sou contador".

É aí que você se engana. Se olhar nos dicionários, verá que a contabilidade está associada aos registros que uma entidade faz de todas as transações que afetam o seu patrimônio.

Se eu perguntasse para o Pelé qual é o seu patrimônio, ele responderia: "Eu tenho carros, casas, joias, roupas, barcos, dinheiro, imóveis, eletrodomésticos, cachorros, etc.".

Os bens e direitos, na contabilidade, são chamados de ativo. Mas o Pelé também possui dívidas ou obrigações, como os impostos dos carros (IPVA), das casas (IPTU), seguros, financiamentos, contas para pagar, etc. As obrigações, na contabilidade, são chamadas de passivo.

Portanto, o patrimônio é formado pelo conjunto de bens e direitos, chamado de ativo, e obrigações, chamadas de passivo. Quando pegamos o ativo e tiramos o passivo, chegamos ao patrimônio líquido.

Ativo (–) passivo = patrimônio líquido

Independente de você ser da classe A, B, C ou D, ou mesmo se for sustentado pelos pais, com certeza possui um patrimônio, nem que sejam as suas roupas, bicicleta, celular, etc. E como sabe qual é o seu patrimônio? Porque possui algum registro dele, sejam escrituras, notas fiscais, contas nos bancos, boletos de dívidas, etc. Dessa forma, o objeto, o assunto a ser tratado pela contabilidade, será sempre o patrimônio.

Pois bem, feche os olhos por um instante e tente imaginar o seguinte: você não terá mais extratos bancários ou quaisquer tipos de recibos, não saberá quanto custaram os produtos, receberá inúmeras contas e diversos boletos porque ninguém terá o menor controle de quem comprou, quem não comprou, quem pagou, quem não pagou, o governo vai cobrar-lhe impostos que você já pagou, porque ele perdeu os comprovantes de pagamento, alguém entrará na sua casa dizendo ser o proprietário do seu imóvel porque não existirão mais escrituras, ninguém é dono de mais nada, você nem mesmo sabe se irá receber o seu salário, porque a empresa não sabe se tem dinheiro, aliás, ela nem sabe o que ela tem, o que deve, se vai sobrar alguma coisa para lhe pagar, enfim, acho que dá para parar por aqui.

Essa seria a vida do homem sem a contabilidade. Ela é necessária para que o homem possa viver em sociedade e está intrinsecamente relacionada com suas necessidades de controlar as propriedades, o sistema de comércio, a arrecadação dos impostos, entre outras coisas.

Portanto, em algum momento da sua vida você já elaborou uma contabilidade. Quando pensou nas despesas do mês, se dava ou não para comprar alguma coisa, se o dinheiro do pessoal ia dar para fazer o churrasco, quanto custava isso, quanto custava aquilo, e utilizou um pedaço de papel, a calculadora, o computador ou fez as contas de cabeça mesmo, pode-se dizer que isso é um tipo bem simples de contabilidade.

Aliás, ao acordar, você já deu uma olhada em sua contabilidade, quando pegou a carteira e viu quanto dinheiro tinha lá, se precisa pagar alguma conta hoje, etc. Fazemos uso da contabilidade todo o tempo, mas não temos consciência disso.

Definindo a contabilidade de maneira mais completa, podemos dizer que é uma ciência social cujo objetivo é identificar, registrar, demonstrar e analisar todos os fatos econômicos e financeiros que afetam direta ou indiretamente o patrimônio de uma entidade, gerando informações úteis para o seu processo decisório.

Destrinchando o conceito, é uma ciência social por afetar toda a sociedade de um modo geral, como as empresas, pessoas, governo, bancos, etc. É ela quem garante o perfeito funcionamento da sociedade como a conhecemos hoje. O homem é um ser racional e precisa de organização para viver em sociedade. Se um médico falhar no seu trabalho, o paciente pode morrer, mas, se o contador errar na contabilidade, pode afetar o patrimônio e a vida pessoal de inúmeras pessoas.

A primeira coisa a ser feita pela contabilidade é identificar o que se passa com o patrimônio da entidade para saber o que realmente deve ser contabilizado, seja ela uma empresa, um conjunto de empresas ou uma pessoa física. Se for identificado algo que afetará o patrimônio, então é feito o registro, para o que são utilizados livros contábeis específicos.

Depois de registrados nos livros contábeis, os fatos acontecidos nas empresas são demonstrados, isto é, evidenciados em demonstrações contábeis, que são uma forma sintetizada e estruturada de tornar públicas as informações contábeis.

As demonstrações contábeis podem apresentar muitos elementos e uma pessoa leiga no assunto pode não as entender. Para isso, as informações devem ser analisadas, interpretadas e reestruturadas de maneira que fiquem focadas para o tipo de decisão que está sendo tomada. Nesse processo, podem ser utilizados indicadores, tabelas, gráficos ou qualquer outro recurso que facilite a compreensão por parte de quem irá utilizar as informações, os chamados "usuários da contabilidade".

Os fatos econômicos e financeiros do ambiente em que a empresa está inserida podem afetar direta ou indiretamente o seu patrimônio. Por exemplo, se o Iraque resolver botar fogo em suas reservas de petróleo, afetará indiretamente a contabilidade das empresas aqui no Brasil, pois esse acontecimento provocaria um aumento no preço dos barris de petróleo, que afetaria o dólar, que afetaria a economia brasileira, que afetaria as taxas de juros, que afetaria os empréstimos e financiamentos das empresas, etc.

Todo e qualquer acontecimento contábil deve ser reconhecido pela contabilidade no momento do seu fato gerador, isto é, quando ele surge. Não importa se um acontecimento previsto para o futuro não ocorra exatamente como se está prevendo, mas, como pode afetar o patrimônio, precisa ser contabilizado no momento da sua identificação.

Por isso, dizemos que a contabilidade é feita por regime de competência, e não por regime de caixa, ou seja, independente do fato de a empresa deixar de receber algo ou de pagar uma conta, essas serão contabilizadas no momento do fato gerador. Caso a contabilidade fosse feita por regime de caixa, não existiriam valores a receber e a pagar, pois a empresa somente apresentaria aquilo que realmente recebeu e pagou. Por exemplo, se uma empresa fizesse uma venda de 1 milhão a prazo, ninguém ficaria sabendo na hora, pois somente quando a empresa recebesse esse valor demonstraria as informações.

Em razão disso, a contabilidade tem o propósito de demonstrar todo o potencial futuro de uma empresa. Sua principal utilidade está em prover os seus usuários de informações úteis para o processo decisório. Administrar uma empresa sem contabilidade é o mesmo que fazer uma viagem e não utilizar o painel do carro e as sinalizações da pista.

Os usuários da contabilidade são os agentes que utilizarão suas informações para um determinado fim. O governo, por exemplo, utiliza a contabilidade para controlar a arrecadação de impostos e para acompanhar a destinação de recursos públicos.

Os investidores precisam da contabilidade para acompanhar seus investimentos e verificar se estão dando um bom retorno ou se precisam ser trocados por outros investimentos.

Vários outros são os usuários da contabilidade, como os empregados, os credores que emprestam dinheiro, os fornecedores e outros credores comerciais, os clientes, a sociedade em geral, etc. Cada um utiliza a contabilidade para determinado fim, pois a credibilidade dessas informações é que garantirá o sucesso nas decisões a serem tomadas.

Para proporcionar essa credibilidade das informações, a contabilidade é uma profissão regulamentada, ou seja, possui um órgão responsável pela emissão de normas e pelo controle e fiscalização do exercício da profissão. Esse órgão é o Conselho Federal de Contabilidade (CFC) que possui uma representação em cada Estado, formando os Conselhos Regionais de Contabilidade (CRCs). Portanto, a contabilidade somente pode ser elaborada por profissionais que tenham feito uma faculdade de ciências contábeis (bacharéis em ciências contábeis) e que estejam devidamente registrados em um Conselho Regional de Contabilidade, o que lhes confere o porte de um documento chamado "CRC" válido para o exercício profissional em um determinado Estado.

Exatamente pelo fato de ser uma profissão regulamentada, as demonstrações contábeis precisam ser assinadas por um profissional contábil, chamado contador ou contabilista, que esteja devidamente registrado em um Conselho Regional de Contabilidade. Sem essa assinatura, a contabilidade não tem validade.

Como possui vários usuários, ao longo dos tempos a contabilidade foi se dividindo em ramificações específicas, de modo a atender propósitos particulares de um determinado tipo de usuário. Assim, foram surgindo:

- Contabilidade de custos (para as indústrias).
- Contabilidade bancária (para os bancos).
- Contabilidade rural (para as empresas agrícolas e pecuárias).
- Contabilidade pública (para as entidades públicas).

- Contabilidade ambiental (para as empresas de impacto ambiental).
- Contabilidade gerencial (para os gestores).
- E outras mais.

A contabilidade das empresas, ou tradicional, é chamada contabilidade financeira, e é esse o conceito que será tratado neste livro.

Como pode ser visto, a contabilidade é uma área muito extensa. Para ser um bom profissional, é preciso estudar muito e manter um estreito relacionamento com a prática da profissão.

Quem já pôde vivenciar ao menos um dia na pele de um contador, sabe a quantidade de procedimentos, declarações fiscais, legislações e documentações que são pertinentes ao perfeito exercício de sua profissão.

Quando ouço de algumas pessoas mal instruídas que o contador só existe para calcular impostos, além de rir, digo que gostaria que elas soubessem o quanto é difícil se calcular um imposto no Brasil. A quantidade de legislações e a velocidade com que são constantemente alteradas deixam qualquer pessoa espantada.

Já se foi o tempo em que o contador era utilizado apenas para calcular os impostos e atender às exigências do fisco. Atualmente, é o profissional mais qualificado dentro da empresa para trabalhar com as mais diversas áreas do conhecimento.

Não é o propósito deste livro abordar todos os conceitos e procedimentos utilizados pela contabilidade, e sim fornecer as primeiras noções que servirão de base para o prosseguimento de estudos futuros. Ou mesmo para fornecer aos interessados no assunto uma visão mais clara e real sobre as informações geradas pela contabilidade.

Nesta obra, os assuntos estão divididos em dez capítulos, que começam por um breve histórico da contabilidade, passam pelos tipos de empresas e modalidades de tributação, as demonstrações contábeis obrigatórias, o sistema de escrituração pelo método das partidas dobradas e finalizam com uma iniciação à análise das demonstrações contábeis.

O grande diferencial em relação aos demais livros de contabilidade introdutória é a forma como está escrito. Praticamente, é como se o leitor estivesse dentro da sala de aula. Os conteúdos são abordados de maneira prática e totalmente didática.

É muito comum ouvir alunos reclamando que não entendem os livros indicados pelos professores, pois os assuntos são abordados de uma forma a que eles ainda não estão acostumados. Por isso, resolvi escrever este livro para que qualquer pessoa possa utilizá-lo a qualquer momento.

Um outro diferencial do livro é que vem repleto de exercícios resolvidos onde o leitor poderá desenvolver o raciocínio passo a passo.

O ideal para um bom aproveitamento é procurar entender como os exercícios foram resolvidos e depois tentar resolvê-los sozinho.

Algumas questões do Exame de Suficiência (exame obrigatório para o exercício da profissão contábil, parecido com o da OAB dos advogados), edição março de 2011, também foram colocadas no livro e resolvidas passo a passo.

Independente do curso ou do perfil do leitor, trata-se de uma leitura muito prazerosa, de fácil linguagem e assimilação, que proporcionará um entendimento mais profundo sobre o universo trabalhado pela contabilidade.

Para os alunos dos cursos de ciências contábeis, é uma obra obrigatória desde o primeiro dia de aula. As disciplinas trabalhadas durante o curso são como uma espinha dorsal, que começam com Introdução à Contabilidade e vão até Contabilidade Avançada. Por isso, a base para o estudo da contabilidade deve ser muito bem trabalhada para que garanta um bom aproveitamento nas outras disciplinas do curso.

Para os cursos afins, como administração e economia, por exemplo, é uma obra escrita com linguagem simples e muito didática, que vai construindo o conhecimento passo a passo, mesmo para aqueles que nunca estiveram em contato com o universo empresarial.

Também é recomendado para os cursos de extensão, ou cursos livres, que possuem uma carga horária curta e nos quais o aluno precisa terminar rápido e sair com noções práticas para serem aplicadas no mercado de trabalho.

Para os profissionais contábeis, também não deixa de ser uma obra importante, ainda mais por se tratar de um livro que contempla as atuais alterações trazidas pela Lei nº 11.638/2007, chamada de "Nova Lei das S. A.", e pela Lei nº 11.941/2009, que, entre outras coisas, alterou a estrutura do Balanço Patrimonial e da Demonstração do Resultado do Exercício.

CAPÍTULO 1

Breve histórico da contabilidade

A contabilidade não é algo desenvolvido por apenas um povo, ela é um produto do mundo inteiro. Está intimamente relacionada com as necessidades humanas e com todo sistema econômico de um modo geral. O homem não conseguiria viver sem ela, pois precisa de um sistema organizado para viver em sociedade.

Desde os tempos pré-históricos, dos homens das cavernas, já era possível verificar a existência de contabilidade, mesmo que de forma bem simples, ao se registrarem, através de desenhos, nas paredes, todas as ferramentas de caça e pesca e animais disponíveis para o homem primitivo.

Tratava-se de um verdadeiro inventário, no qual era possível visualizar de forma clara e simples os recursos (ou patrimônio) de que dispunham os habitantes das cavernas para a sua sobrevivência. Veja como esse tipo de informação já era utilizado para o processo decisório, pois, se o homem das cavernas se sentia ameaçado, bastava fazer uso da sua contabilidade para verificar os recursos disponíveis para aquele momento.

Posteriormente, com o surgimento das civilizações, as primeiras técnicas de contabilidade começavam a ser desenvolvidas em razão da necessidade de comércio. Pode-se afirmar que muito de nossa história somente foi descoberta pelos registros contábeis realizados. Não há como conhecer a história de uma civilização se não existirem registros quantitativos que possam mensurar melhor os acontecimentos. História, simplesmente contada, contém muito poucas informações.

Na antiga Mesopotâmia, região situada entre os rios Tigre e Eufrates, atual Iraque, foi onde se encontraram os primeiros registros patrimoniais, dando origem ao "livro diário", principal ferramenta para o registro das informações contábeis e utilizado da mesma forma até hoje.

Os egípcios também tiveram uma contribuição muito importante não só para a contabilidade, mas para toda a humanidade. Com a invenção do papiro, foi possível elaborar os primeiros livros contábeis conhecidos pela humanidade.

Na China, por volta do ano 2000 a.C., já apareciam sistemas sofisticados de contabilidade, uma vez que o número de transações comerciais passou a aumentar com grande rapidez.

Posteriormente, devido a uma escassez de terras no norte e centro da Europa, Roma foi invadida e sua biblioteca saqueada, o que, de certa forma, contribuiu para que outros povos tivessem acesso às informações e estudos avançados realizados naquele local.

Mas, com certeza, o grande avanço para a matemática, e consequentemente para a contabilidade, foi a descoberta do zero pelos indianos. A ideia do nada não existia e, embora possa parecer simples para nosso entendimento, foi uma grande revolução.

Na época das cruzadas, a atividade do comércio foi impulsionada, principalmente entre as cidades italianas e o Oriente. À medida que o comércio se expandia e a riqueza era acumulada, a negociação individual ia sendo substituída pelo comércio, por meio de representantes e associações.

A constituição de sociedades no comércio permitia que os riscos da navegação marítima de longo curso fossem compartilhados e que a riqueza do capitalista fosse combinada à audácia dos jovens mercadores. A sociedade comercial foi importante no desenvolvimento da contabilidade porque levou ao reconhecimento da firma como entidade separada e distinta das pessoas de seus proprietários.

Com o avanço do comércio e das embarcações surgiram alguns problemas, como a peste bubônica, que devastou em pouco tempo um terço da população da Europa. Com tantas mortes, fazendas, lares e negócios foram abandonados por aqueles que morriam. A escassez de mão de obra fez com que os salários subissem. A propriedade privada começava a suplantar a posse conjunta da Idade Média e, com isso, surgiam as bases de toda a nossa sociedade.

Um conjunto de antecedentes responsáveis pela contabilidade que conhecemos hoje foi a capacidade de expressão: a arte da escrita, o desenvolvimento da aritmética e o uso generalizado da moeda como denominador comum.

Outro conjunto foi de natureza institucional e incluía o conceito de propriedade privada, o desenvolvimento do crédito e a acumulação de capital. Entre esses antecedentes, o empreendimento conjunto e a empresa em sociedade, como instituições para facilitar a acumulação e o uso de capital, talvez tenham sido as influências mais fortes para a criação da necessidade do conceito de entidade contábil e do cálculo de lucros. A Itália do século XIV foi o país afortunado no qual esses eventos convergiam, o que lhe conferiu o nome de "berço da contabilidade".

Mas a contabilidade carecia de técnicas uniformes a todos os seus usuários. Cada um registrava o seu patrimônio de uma maneira diferente. O primeiro codificador da contabilidade morava na Itália, um frei franciscano de nome irmão Luca Pacioli, que escreveu o livro *Summa de Arithmetica, Geometria proportioni et propornalità* (coleção de conhecimentos de aritmética, geometria, proporção e proporcionalidade), o qual continha um capítulo específico que apresentada o revolucionário método de contabilização que é utilizado até hoje, intitulado "Tratactus de Computis et Scripturis" (Contabilidade por partidas dobradas), publicado em 1494.

Como o patrimônio das igrejas começava a atingir patamares cada vez mais diversificados, precisava-se elaborar um sistema que fornecesse suporte para um aprimorado controle contábil. Assim, nesse livro, o frei Luca Pacioli, que era matemático, apresentou o método das partidas dobradas, no qual aumentos e diminuições no patrimônio eram chamados de débito e crédito, e sempre, para cada lançamento a débito, gerava-se um outro lançamento a crédito.

Desde que se tem notícia desses primeiros sistemas contábeis, verifica-se muita semelhança com os que são encontrados na atualidade. Porém, naquela época, a informação era monousuária, pois não havia obrigação, talvez nem interesse, por parte de outros usuários, em sua elaboração.

Era difícil também a distinção clara entre o patrimônio da empresa e o do seu proprietário, mesmo sendo óbvio que se tratam de diferentes realidades.

Não existiam conceitos definidos e utilizados pelos profissionais e usuários da contabilidade, como o da depreciação (gasto de um determinado bem pela sua utilização), já que o imobilizado não era tão relevante e, por isso, não era depreciado.

Outro aspecto interessante era a ausência de várias unidades monetárias estáveis, o que, atualmente, seria de impossível compreensão, em vista da intensa necessidade de comparabilidade e harmonização entre as demonstrações.

A utilização dos débitos e créditos no método das partidas dobradas foi desenvolvida por não haver a noção de números negativos. Alguns matemáticos até tinham uma noção, mas achavam esses números absurdos e fictícios. Assim, surgiram as contas sob a forma de "T", dispostas lado a lado, onde de um lado ficavam os bens e direitos e do outro as obrigações, em vez de utilizar a forma vertical para bens e direitos menos obrigações.

A partir do final do século XV, as cidades italianas começaram a decair, tanto politicamente quanto como centros de comércio. Com o descobrimento do Novo Mundo e a abertura de novas rotas de comércio, os centros comerciais deslocaram-se para a Espanha e Portugal, e posteriormente para a Antuérpia e os Países Baixos.

Era natural, portanto, que o sistema italiano das partidas dobradas se espalhasse para esses outros países. O historiador Raymond de Roover considerou o período de 1494 a 1800 uma fase de estagnação da contabilidade. Ninguém se interessou em desenvolver uma teoria das partidas dobradas e ninguém foi além das necessidades de escrituração da empresa mercantil. Por isso, esse período foi chamado de "Era da Estagnação". Os períodos mais pobres em avanços da contabilidade coincidem com períodos de guerras e doenças (Hendriksen & van Breda, 1999).

As cidades-Estado italianas tinham tanto poder que impediam a participação do restante da Europa no comércio do Mediterrâneo. Nesse período, deu-se origem às empresas de capital conjunto devido às atividades de comércio das embarcações. Nelas, os indivíduos se reuniam para financiar um empreendimento, cada um recebendo direitos de participação proporcionais aos seus investimentos. No final do empreendimento, os investidores eram reembolsados pelo total dos resultados. Assim, esses investidores necessitavam de um instrumento que garantisse a correta apuração dos custos e consequente distribuição dos resultados.

A Era da Estagnação acabou depois do segundo avanço muito importante para a contabilidade nesse período: o início da Revolução Industrial. Os efeitos sobre a contabilidade foram enormes. O advento do sistema fabril e da produção em massa resultou na transformação de ativos fixos em custo significativo do processo de produção e distribuição, tornando o conceito de depreciação muito mais importante. A informação contábil passa a ser mais e mais requisitada no processo gerencial das empresas.

À medida que aumentava a necessidade de informação gerencial (específica para a tomada de decisão) sobre os custos de produção e os custos a serem atribuídos à avaliação de estoques, surgia a necessidade de sistemas de contabilidade de custos. As informações financeiras, que tinham sido geradas sobretudo para fins de gestão, passaram a ser demandadas cada vez mais por acionistas, investidores, credores e pelo governo. Portanto, o lucro como retorno aos investidores precisava ser distinguido de um retorno do capital aos proprietários.

Com o advento da Revolução Industrial, começaram a surgir especialistas em contabilidade, especialmente com a aprovação nos Estados Unidos da Lei das Companhias em 1844, que passou a exigir balanços aprovados por auditores. A escola americana tem grande peso na contabilidade atual, pois, ao contrário da escola italiana, estritamente teórica, é responsável por tornar a contabilidade aplicável aos reais interesses de seus usuários.

Uma lei semelhante, em 1862, exigiu o uso de contadores em caso de falência, representando a maior parte do trabalho inicial desses profissionais. Posteriormente, órgãos como o Internacional Accounting Standards Committee (IASC), hoje transformado em Board (IASB), foram criados na tentativa de uma uniformização da contabilidade de empresas multinacionais e outras firmas que possuem diferentes tipos de investidores em mais de um país.

Com o avanço da tecnologia, as necessidades dos homens foram novamente modificadas e intensificadas pela rapidez no acesso às informações e pela quebra de barreiras provocada pela globalização. Os mercados se tornaram muito mais dinâmicos e as empresas começaram a fazer transações com pessoas do mundo inteiro, o que acirrou ainda mais a competitividade.

A popularização no uso do computador marcou de vez a nova era da contabilidade. As demonstrações contábeis passaram a ser elaboradas em prazos nunca antes imaginados e podem ser encaminhadas em tempo real para todo o mundo.

Isso fez com que o contador deixasse de ser um mero registrador dos fatos contábeis para participar de maneira mais ativa do processo decisório das empresas. Com a necessidade de informações mais precisas nas decisões e de toda a complexidade encontrada no mundo dos negócios, o contador passou a ser peça fundamental nas empresas.

Nos Estados Unidos, com a quebra da gigante Enron em 2001, a importância da contabilidade para garantir a sobrevivência dos negócios ficou mais evidente ainda. Uma simples brecha nas normas contábeis daquele país fez com que oportunistas maquiassem as informações contábeis, o que provocou um prejuízo para milhões de pessoas e empresas no mundo todo.

Aliás, atualmente, ainda estamos passando por problemas causados pela violação, ou fraude, da contabilidade nos Estados Unidos. No ano de 2007, a má utilização das informações contábeis, somada à ganância de alguns investidores, fizeram com que ocorresse uma crise de crédito afetando todo o mundo, a chamada "crise financeira mundial".

No Brasil, com o Decreto-lei no 9.295/1946, a profissão contábil foi oficialmente reconhecida. De lá para cá, o profissional contábil assumiu cada vez mais um papel de extrema importância em todo o contexto empresarial.

Com o Novo Código Civil de 2002, a responsabilidade dos contadores brasileiros ficou muito maior. Eles ficaram responsáveis pela garantia da credibilidade das informações contábeis tanto no seu relacionamento direto com as empresas quanto no relacionamento das empresas com terceiros. Caso uma informação contábil cause algum prejuízo, seja para a empresa, seja para um terceiro, quem responde solidária e ilimitadamente, isto é, inclusive com seus próprios bens, é o contador.

Nos últimos anos, pode-se acompanhar na mídia que o Brasil é um país emergente e que está crescendo mais e mais a cada ano. Com isso, investidores de todo o mundo passaram a ter interesse em empresas do nosso país.

Esse fato, aliado a vários outros de ordem econômica, política e social, pressionaram para uma alteração nas normas contábeis de modo a proporcionar ao Brasil uma sintonia mais próxima com o resto do mundo.

Esse contexto levou a uma modificação na antiga Lei nº 6.404/1976, conhecida como "Lei das S. A.". Em 27 de dezembro de 2007, foi aprovada a Lei nº 11.638/2007, que veio acelerar o processo de convergência da contabilidade brasileira com os padrões internacionais. Logo após, também foi criada a Lei nº 11.941/2009, que trouxe algumas importantes modificações nas principais demonstrações contábeis. As alterações mais importantes trazidas por essas leis serão abordadas neste livro.

Nos dias de hoje, podemos perceber que a contabilidade é a peça-chave para todos os países garantirem a existência de um sistema econômico e financeiro realmente globalizado. Com isso, o seu entendimento não deve se restringir apenas ao contador, mas a todos aqueles que fazem parte do mundo dos negócios, que também precisam conhecer a contabilidade e saber utilizar as suas informações de maneira correta e eficiente.

EXERCÍCIOS

1) Você acredita que o homem poderia viver sem a contabilidade? Explique.
2) Pode-se dizer que a contabilidade foi inventada por uma só pessoa? Explique.
3) A informática veio para melhorar a contabilidade ou para tirar o emprego dos contadores? Explique.
4) Como você vê a contabilidade e o papel do contador nos dias atuais?
5) O que a contabilidade tem a ver com a crise financeira mundial?

CAPÍTULO 2

Os tipos de empresas e as modalidades de tributação

Muita gente se confunde quando o assunto é o tipo de uma empresa. Tudo começa devido à confusão entre o tipo de empresa ou a forma e a sua modalidade (ou regime) de tributação. Por isso, para um bom entendimento, é necessário que se faça essa distinção.

Primeiramente, é preciso saber a diferença entre pessoa física e pessoa jurídica. Pessoa física é uma pessoa, inscrita em um cadastro nacional, comum a todas as pessoas, chamado Cadastro de Pessoa Física, o famoso CPF. É uma pessoa com todos os seus direitos e deveres. Direitos esses que podem lhe permitir a constituição de uma empresa e, quando isso acontece, surge a pessoa jurídica, que é a empresa, totalmente distinta da pessoa física. Assim como a pessoa física, a pessoa jurídica também possui um cadastro nacional, chamado Cadastro Nacional das Pessoas Jurídicas, o também famoso CNPJ.

Quando uma pessoa resolve constituir uma empresa, pode escolher entre vários tipos existentes no Código Civil Brasileiro. Pode, ainda, optar por constituir a empresa sozinha ou juntamente com outras pessoas. Se a empresa for constituída por apenas uma pessoa, ela será chamada de empresário e, quando for constituída por duas ou mais pessoas, chama-se sociedade.

Segundo o artigo 966 do Código Civil, empresário é "quem exerce profissionalmente atividade econômica organizada para a produção ou circulação de bens ou de serviços". Nesse caso, o nome da empresa, ou razão ou denominação social, será o mesmo da pessoa física que a originou, acompanhado pela atividade desenvolvida pela empresa. Por exemplo, José da Silva resolve constituir uma empresa sozinho, uma loja de roupas. O nome da empresa seria José da Silva Comércio de Roupas. Para as sociedades, geralmente, não aparece o nome dos sócios, por exemplo, Banco Itaú.

Quando se trata de sociedade, o Código Civil, artigo 981, diz que "celebram contrato de sociedade as pessoas que reciprocamente se obrigam a contribuir, com bens e serviços, para o exercício de atividade econômica e a partilha, entre si, dos resultados". Isso quer dizer que o objetivo das sociedades é juntar pessoas para compartilhar os resultados dos seus esforços, lucros ou prejuízos.

As sociedades podem ser classificadas em vários tipos: sociedade em comum, em conta de participação, simples, em nome coletivo, em comandita simples, limitada, anônima, em comandita por ações e cooperativa.

O que diferencia um tipo do outro são as formalidades na constituição e operacionalização da empresa e, principalmente, a responsabilidade dos sócios. Os sócios podem ter responsabilidade solidária e ilimitada, ou seja, respondem por todo o investimento que fizeram na empresa, inclusive com seus bens pessoais, ou responsabilidade limitada, respondendo somente pelo que investiram na empresa.

Os dois tipos mais comuns de sociedade são a limitada e a anônima, devido à facilidade de operacionalização e pela responsabilidade dos sócios.

Sociedade limitada é aquela em que "a responsabilidade de cada sócio é restrita ao valor de suas quotas, mas todos respondem solidariamente pela integralização do capital social" (Código Comercial, artigo 1.052). Ou seja, os sócios somente se obrigam a responder por aqueles valores que são de sua responsabilidade na empresa, isto é, se alguém quiser cobrar algo a mais do que está discriminado como capital social da empresa, os sócios não são obrigados a pagar.

Por isso, os credores, sobretudo os bancos, pedem o contrato social para conceder crédito. Esse documento é o ato formal da constituição desse tipo de empresa em que está discriminada a responsabilidade de cada sócio no capital. No final do nome ou razão social dessas empresas aparece a sigla "Ltda." (por exemplo, Comércio de Bebidas Saideira Ltda.).

Na sociedade anônima, "o capital divide-se em ações, obrigando-se cada sócio ou acionista somente pelo preço de emissão das ações que subscrever ou adquirir" (Código Comercial, artigo 1.088). Ações são as menores partes do capital de uma empresa. Ninguém precisa saber quem é o dono da empresa (por isso, anônima). É como se o capital da empresa fosse dividido em pequenos pedaços de papel e, os sócios dessas empresas, as pessoas que detivessem esses papéis.

Aliás, esses papéis ou ações podem ser negociados como se fossem mercadorias, e os compradores terão o direito de participar dos resultados (lucros ou perdas) das empresas das quais adquiriram as ações. O local para a comercialização de ações é a Bolsa de Valores. Assim, se você quiser fazer parte de uma empresa sociedade anônima, basta adquirir algumas de suas ações.

Pode ser um investimento muito bom se for uma empresa lucrativa, ou pode acarretar um tremendo prejuízo, no caso de uma empresa que estiver falindo. Em vez de ter um contrato social, as sociedades anônimas possuem um estatuto social, que são bem parecidos. No final do nome ou razão social dessas empresas aparece a sigla "S. A." (por exemplo, Alcoa S. A.). Quando as ações são negociadas na Bolsa de Valores, a sociedade anônima é considerada de capital aberto, caso contrário, é considerada de capital fechado.

Depois de entender os tipos de empresas, torna-se preciso diferenciá-las quanto às modalidades de tributação. No Brasil, existem basicamente as seguintes modalidades de tributação: Supersimples, Lucro Real, Lucro Presumido e Lucro Arbitrado. A diferença entre elas se refere à forma pela qual são calculados os impostos, ou seja, sobre o faturamento ou sobre o lucro, e pelo porte ou tipo societário das empresas.

Algumas empresas são obrigadas a adotar um determinado regime de tributação; por exemplo, os bancos são obrigados a calcular seus impostos pelo Lucro Real. Excetuando os casos de obrigação, as empresas podem optar pelo regime de tributação que trará a menor carga tributária possível. O gerenciamento legal dos tributos é chamado de planejamento tributário.

Como as empresas podem optar por determinado regime de tributação, é imprescindível que elas saibam escolher um regime de tributação sobre o lucro ou sobre o faturamento. Pensemos em uma empresa que fatura milhões, mas, por ter muitas despesas, apresenta um prejuízo: se ela for tributada pelo faturamento, terá que pagar muito imposto, mas, se for tributada pelo lucro, não terá que pagar nada, pois não teve lucro, e sim prejuízo.

Dessa forma, é preciso entender bem as características de cada regime de tributação e as legislações pertinentes para cada tipo de empresa, pois, assim, pode-se planejar qual a melhor forma de tributação para um determinado tipo de empresa.

O Supersimples foi criado pela Lei Complementar nº 123/2006, substituindo o antigo Simples Nacional. Esse regime de tributação somente pode ser adotado pelas microempresas (ME), que são empresas com receita bruta anual igual ou inferior a R$ 360.000,00, e empresas de pequeno porte (EPP), com receita bruta anual superior a R$ 360.000,00 e igual ou inferior a R$ 3.600.000,00. Essas siglas, ME ou EPP, aparecerão ao final da razão social das empresas aqui enquadradas, por exemplo, José da Silva Comércio de Roupas ME ou Comércio de Bebidas Saideira Ltda. EPP.

A grande vantagem do Supersimples é o tratamento diferenciado e a unificação dos vários tributos em um só, aplicando-se uma determinada porcentagem para cada limite de faturamento.

É importante comentar que as empresas enquadradas pelo Supersimples estão dispensadas pelo fisco de elaborar contabilidade, apresentando tão somente livros fiscais, como o livro-caixa, por exemplo. No entanto, pelo aspecto societário, todas as empresas estão obrigadas a elaborar contabilidade, independente de seu tipo societário ou porte. Assim, mesmo as empresas enquadradas pelo Supersimples precisam, além do livro-caixa, elaborar sua contabilidade.

O Lucro Real é o regime no qual se utiliza como base de cálculo o resultado (lucro ou prejuízo) das empresas. Tem esse nome por entender-se que o lucro contábil apresentado pela Demonstração do Resultado do Exercício (DRE) precisa ser ajustado às normas fiscais e assim chegar a um "lucro real", conforme os entendimentos do governo.

Na verdade, não se trata de um lucro "real", mas sim "fiscal", pois nem sempre as normas fiscais traduzem a realidade das empresas. Na prática, calcula-se o lucro antes dos impostos e realizam-se adições e exclusões estabelecidas pelo governo, chegando-se a um novo resultado em que, aí sim, seriam aplicadas as alíquotas do Imposto de Renda das Pessoas Jurídicas (IRPJ), que é de 15%, e da Contribuição Social sobre o Lucro Líquido (CSLL), que é de 9%. Esses ajustes são realizados de uma maneira extracontábil, em um livro fiscal denominado Livro de Apuração do Lucro Real (Lalur). As empresas enquadradas pelo Lucro Real são obrigadas a apresentar contabilidade para o fisco.

O Lucro Presumido é uma forma mais simplificada de tributação do que o Lucro Real, pois o lucro é presumido, ou seja, estimado através da aplicação de uma porcentagem sobre o faturamento.

Uma empresa poderá optar pelo Lucro Real ou Presumido, de acordo com o seu faturamento e lucro. Empresas com lucro muito alto, provavelmente, optarão pelo Lucro Presumido. As empresas optantes pelo Lucro Presumido também estão dispensadas da escrituração contábil pelo fisco, mas, como já foi comentado, precisam elaborar contabilidade pela questão societária.

O último regime de tributação comentado, o Lucro Arbitrado, na verdade não é um regime que a empresa escolhe como alternativa à menor tributação. Pelo contrário, trata-se de uma intervenção do fisco que arbitra, determina, qual será o lucro da empresa.

Esse regime sempre apresenta maior tributação para as empresas, pois é uma penalidade que o fisco impõe para aquelas que apresentam determinadas situações irregulares, por exemplo, quando houver indícios de fraudes na apuração dos impostos, quando não houver documentação que dê suporte para a contabilidade, quando não são elaboradas as demonstrações financeiras exigidas pelo fisco, entre outras.

Com a criação da Lei Complementar 128, de 19 de dezembro de 2008, surgiu um novo tipo de empresa, o MEI – Microempreendedor Individual, para o empresário individual que obtiver uma receita bruta anual de até R$ 60.000,00. A grande vantagem desse tipo de empresa é que poderá se optar pelo Sistema de Recolhimento em Valores Fixos Mensais dos Tributos abrangidos pelo Simples Nacional (SIMEI) onde o imposto recolhido é um valor fixo mensal que varia de R$ 27,25 a R$ 33,25. O nome empresarial será o do microempreendedor seguido da expressão MEI.

Em 11 de Julho de 2011, com a criação da Lei 12.441, surgiu outro tipo de empresa acrescentada ao Código Civil de 2002, a Empresa Individual de Responsabilidade Limitada (Eireli) que deverá ser constituída por apenas uma pessoa cuja responsabilidade será limitada apenas ao montante integralizado no capital social da empresa. Esse capital não poderá ser inferior a 100 vezes o maior salário mínimo vigente no país e o nome empresarial deverá apresentar ao final a expressão "EIRELI".

Conhecer os tipos de empresas e os regimes de tributação é fundamental para que se possa constituir uma empresa. Um bom planejamento tributário pode contribuir para uma diferenciação da empresa frente aos seus concorrentes, ainda mais no Brasil, onde a carga tributária é muito alta e a quantidade de tributos é imensa.

Muitas empresas não conseguem prosperar por já nascerem mortas, isto é, se fosse feito um estudo correto, talvez os sócios verificassem que não compensa abrir determinada empresa em razão da sua carga tributária ou dos procedimentos operacionais cabíveis ao ramo de atividade escolhido.

O contador é peça-chave para esse processo de orientação. É ele quem conhece essas informações e todos os procedimentos operacionais que uma empresa precisa seguir para manter suas atividades dentro das normas exigidas pelos órgãos competentes.

Muitos empresários não têm noção de quanto custa realmente um funcionário, de quanto terão que pagar pela escrituração contábil, dos impostos devidos se trabalharem com determinado tipo de mercadoria, se compensa comprar de um estado ou de outro, enfim, todas essas informações vão refletir no preço final dos produtos e serviços e, com a alta competitividade do mundo atual, fazem toda a diferença para o sucesso das empresas.

EXERCÍCIOS

1) Qual a diferença entre pessoa física e pessoa jurídica?
2) Diferencie empresário e sociedade.
3) Explique com suas palavras a diferença entre uma sociedade limitada e uma sociedade anônima.
4) Explique com suas palavras cada modalidade de tributação das empresas.
5) Por que o contador é importante na hora de se constituir uma empresa?

CAPÍTULO 3

As demonstrações contábeis

Sendo o objetivo da contabilidade o de registrar todos os fatos contábeis que modificam ou possam modificar o patrimônio das empresas, é de fundamental importância que essas informações sejam apresentadas de forma clara e bem estruturada, de modo a proporcionar um correto entendimento e análise dos usuários da contabilidade.

Portanto, as informações contábeis devem estar apresentadas em forma de demonstrações elaboradas de acordo com um conjunto de normas, que será obedecido por todos os elaboradores da contabilidade.

As demonstrações contábeis têm o objetivo de proporcionar aos usuários da contabilidade informações que darão suporte a todo o processo decisório das empresas.

A Resolução CFC nº 1.121/2008 descreve o objetivo das demonstrações contábeis como sendo o de "fornecer informações sobre a posição patrimonial e financeira, o desempenho e as mudanças na posição financeira da entidade, que sejam úteis a um grande número de usuários em suas avaliações e tomadas de decisão econômica".

Assim, as demonstrações contábeis precisam estar uniformemente preparadas para atender ao maior número possível de usuários, os quais as utilizam para diferentes finalidades.

Se essas demonstrações contábeis não fossem elaboradas da mesma forma por todas as empresas, seria praticamente impossível comparar uma empresa com outra, ou analisar uma mesma empresa por um determinado período de tempo.

Por isso, existem órgãos reguladores que emitem as normas contábeis e fiscalizam a sua aplicação. No Brasil, as normas contábeis são emitidas pelo Conselho Federal de Contabilidade (CFC), pelo Instituto dos Auditores Independentes do Brasil (Ibracon), entre outros.

Com a criação do Comitê de Pronunciamentos Contábeis (CPC) em 2005, através da Resolução CFC nº 1.055/2005, a emissão de normas contábeis está concentrada nesse órgão, que é composto por várias entidades como os já citados CFC e Ibracon, pela Associação Brasileira das Companhias Abertas (Abrasca), Associação Nacional dos Analistas e Profissionais de Investimento do Mercado de Capitais (Apimec), Bolsa de Valores de São Paulo (Bovespa) e pela Fundação Instituto de Pesquisas Contábeis, Atuariais e Financeiras (Fipecafi).

No Brasil, as empresas são obrigadas a elaborar, segundo a Lei nº 11.638/2007, as seguintes demonstrações contábeis:

- Balanço Patrimonial.
- Demonstração dos Lucros ou Prejuízos Acumulados, que pode ser substituída pela Demonstração das Mutações do Patrimônio Líquido.
- Demonstração do Resultado do Exercício.
- Demonstração dos Fluxos de Caixa.
- Demonstração do Valor Adicionado.

As principais demonstrações contábeis são o Balanço Patrimonial e a Demonstração do Resultado do Exercício; as demais necessitam dessas para ser elaboradas.

Nem todas as empresas brasileiras precisam apresentar essas cinco demonstrações contábeis. A Demonstração do Valor Adicionado somente é obrigatória para as sociedades anônimas de capital aberto. As sociedades anônimas de capital fechado com patrimônio líquido reduzido (inferior a R$ 2.000.000,00 na data do balanço) e as sociedades limitadas de pequeno e médio porte (as que possuem ativo total igual ou inferior a R$ 240.000.000,00 ou receita bruta anual igual ou inferior a R$ 300.000.000,00) estão dispensadas de apresentar a Demonstração dos Fluxos de Caixa.

Além das demonstrações comentadas, as informações contábeis podem carecer de uma complementação. A Resolução CFC nº 1.121/2008 comenta essa questão:

> As demonstrações contábeis são parte integrante das informações financeiras divulgadas por uma entidade. O conjunto completo de demonstrações contábeis inclui, normalmente, o balanço patrimonial, a demonstração do resultado, a demonstração das mutações na posição financeira (demonstração dos fluxos de caixa, de origens e aplicações de recursos ou alternativa reconhecida e aceitável), a demonstração das mutações do patrimônio líquido, notas explicativas e outras demonstrações e material explicativo que são parte integrante dessas demonstrações contábeis. Podem também incluir quadros e informações suplementares baseados ou originados de demonstrações contábeis que se espera sejam lidos em conjunto com tais demonstrações. Tais quadros e informações suplementares podem conter, por exemplo, informações financeiras sobre segmentos ou divisões industriais ou divisões situadas em diferentes locais e divulgações sobre os efeitos das mudanças de preços. As demonstrações contábeis não incluem, entretanto, itens como relatórios da administração, relatórios do presidente da entidade, comentários e análises gerenciais e itens semelhantes que possam ser incluídos em um relatório anual ou financeiro.

Todas as demonstrações contábeis precisam ser assinadas por um contador devidamente registrado no Conselho Regional de Contabilidade. Qualquer informação errada que possa causar algum prejuízo a alguém será de responsabilidade do contador, que responde solidária e ilimitadamente pelos seus atos.

Nos Estados Unidos, a confiabilidade das demonstrações contábeis é levada tão a sério que, após os incidentes de fraudes contábeis ocorridos em 2001, foi criada a Lei Sarbanes-Oxley, pela qual, além da assinatura do contador, também é obrigatória a do Chief Executive Officer (CEO), que é o diretor executivo da empresa, por exemplo, Sílvio Santos no SBT. Se forem constatados indícios de irregularidade, os responsáveis podem ter que pagar multa ou até mesmo pegar cadeia, dependendo da gravidade do problema.

Nos próximos capítulos, serão abordadas as demonstrações contábeis obrigatórias no Brasil, suas finalidades e a forma como são estruturadas.

EXERCÍCIOS

1) O que é uma demonstração contábil?
2) Comente a questão da uniformidade na preparação das demonstrações contábeis.
3) Quais são as demonstrações contábeis exigidas pela Lei das S. A. e quais empresas estão obrigadas a apresentá-las?
4) Fale sobre o órgão responsável pela elaboração das normas contábeis no Brasil.

CAPÍTULO 4

Balanço Patrimonial (BP)

O Balanço Patrimonial tem como objetivo mostrar a situação patrimonial da empresa em um determinado período, isto é, como se fosse um retrato, uma fotografia da empresa tirada em um momento específico. Porém, essa foto não é estática, pois representa todos os fluxos futuros de benefícios e exigibilidades das empresas. Com ele é possível saber o quanto de bens, direitos e obrigações a empresa possui, tornando possível uma análise sobre a situação financeira e patrimonial naquele momento.

Ele é composto, basicamente, por duas partes. Do lado esquerdo, fica o ativo, que representa os bens e direitos. Do lado direito, ficam o passivo e o patrimônio líquido, que representam as obrigações.

A sua maior utilidade é comparar uma empresa com outra ou a própria empresa com ela mesma, analisando a evolução do patrimônio em um determinado período. Assim, no caso de comparações entre empresas, é possível verificar qual empresa apresenta maior liquidez, qual está mais endividada, qual apresenta a maior lucratividade, etc. Para as comparações das empresas com elas mesmas, é possível analisar se os recursos das empresas estão crescendo, se as dívidas vêm diminuindo, se a empresa está comprando mais ativos fixos do que mercadorias, etc.

Para que isso seja possível, as empresas precisam elaborar o Balanço Patrimonial seguindo determinadas regras (ou normas), pois, se cada empresa o fizesse de acordo com os seus próprios entendimentos, o aspecto da comparabilidade estaria comprometido.

O artigo nº 178 da Lei nº 6.404/1976, alterado pela Lei nº 11.638/2007, determina como devem ser agrupadas as contas no Balanço Patrimonial. Para as contas do ativo, deve-se elencá-las por ordem de liquidez, ou seja, quanto maior for a facilidade e a rapidez para se dispor de um ativo, mais no alto ficará no Balanço. Para as contas do passivo, deve-se elencá-las por ordem de exigibilidade (endividamento), ou seja, as contas serão classificadas de acordo com as que vencerem primeiro.

A classificação do Balanço Patrimonial deve ser feita da seguinte maneira:

ATIVO	PASSIVO
Ativo Circulante	**Passivo Circulante**
Ativo Não Circulante	**Passivo Não Circulante**
Realizável a Longo Prazo	**Patrimônio Líquido**
Investimento	Capital Social
Imobilizado	(–) Gastos com Emissão de Ações
Intangível	Reservas de Capital
	Opções Outorgadas Reconhecidas
	Reservas de Lucros
	(–) Ações em Tesouraria
	Ajustes de Avaliação Patrimonial
	Ajustes Acumulados de Conversão
	Prejuízos Acumulados

Fonte: Brasil6, 2009.

A seguir, será comentado cada um dos grupos do ativo e passivo, buscando exemplificar quais as contas e por que são colocadas em um determinado grupo.

Grupos do Ativo

O ativo é o conjunto de bens e direitos da empresa e fica do lado esquerdo do Balanço Patrimonial, representando as aplicações de recursos, que são originadas no passivo. Como visto anteriormente, o ativo é classificado por ordem de liquidez, sendo composto pelo ativo circulante e não circulante. É preciso analisar as particularidades de cada grupo para não haver confusão na hora de se evidenciar uma conta. A seguir, veremos um grupo de uma vez.

Ativo Circulante

Esse grupo é subdividido em disponibilidades (disponível), créditos, estoques e despesas do exercício seguinte (despesas antecipadas). Vejamos, então, cada um desses subgrupos.

Disponibilidades (ou disponível)

As disponibilidades são consideradas os ativos de maior liquidez e, por isso, vêm em primeiro lugar no Balanço Patrimonial. Para entender o conceito de liquidez, basta trazê-lo para o nosso dia a dia. Por exemplo: suponha que seu irmão pegue um empréstimo com você no valor de R$ 1.000,00. No momento do pagamento desse empréstimo, seu irmão propõe três formas de pagamento. A primeira seria o pagamento em dinheiro, a segunda em cheque, e a terceira, uma troca por um de seus pertences, um lindo violão avaliado no mesmo valor do empréstimo.

É lógico que você preferiria o recebimento em dinheiro, porque ele tem maior liquidez em relação ao cheque e ao violão, isto é, você conseguiria trocar o dinheiro por outras coisas de seu interesse sem a menor restrição, conseguiria se desfazer do dinheiro mais facilmente. Quanto ao cheque, se você pretendesse passá-lo para alguém, essa pessoa poderia não o aceitar, alegando não poder pegar cheque de terceiros ou pelo fato de acreditar que não teria fundo. Assim, o cheque tem menos liquidez do que o dinheiro.

Em relação ao violão, teria menos liquidez ainda, pois talvez não interessasse a você ficar com ele, no caso de não saber tocar violão, ou teria grande dificuldade em vendê-lo e obter os mesmos R$ 1.000,00 do empréstimo.

Dessa forma, as disponibilidades compreendem os valores que as empresas têm imediatamente à sua disposição, ou seja, conseguem liquidá-las com maior facilidade. Fazem parte das disponibilidades, em ordem de liquidez: o caixa, os bancos e as aplicações de liquidez imediata, como a caderneta de poupança, por exemplo. A qualquer momento, se sentir necessidade de utilizar o seu dinheiro, a empresa pode contar com esses ativos.

Créditos

Como a contabilidade é elaborada por regime de competência, é preciso evidenciar os valores que são de direito da empresa, mas que ainda não foram recebidos, como as vendas a prazo, conhecidas como duplicatas a receber ou clientes. Todos os direitos que a empresa tiver até o final do exercício subsequente à data do Balanço Patrimonial serão contabilizados no subgrupo dos créditos.

Além das vendas a prazo, também poderão ser classificados os créditos de impostos como ICMS, IPI, PIS e Cofins. Esses impostos utilizam o sistema "não cumulativo", ou seja, a empresa, ao adquirir uma mercadoria, já está pagando, além da mercadoria, um valor referente a determinados impostos que o fornecedor embutiu na nota fiscal.

Quando a empresa vende essa mercadoria, precisa pagar imposto sobre essa venda. No regime não cumulativo, a empresa pode abater dos seus impostos sobre vendas o valor dos impostos que lhe foi cobrado na compra. Assim, a empresa terá um "direito" de utilizar os créditos e pagar menos impostos.

Várias outras contas podem ser contabilizadas nesse subgrupo, basta apenas a reflexão sobre o período do recebimento, pois, se corresponderem a uma data que esteja após o término do exercício subsequente à data do Balanço, serão consideradas no "realizável a longo prazo".

Estoques

Os estoques podem ser entendidos como a principal fonte de geração de riqueza das empresas. Existe um ciclo no qual a empresa compra seus estoques, vende para seus clientes e recebe o dinheiro; compra mais estoques para serem vendidos novamente a seus clientes, recebe mais dinheiro e assim por diante. Quanto maior for a eficiência nesse ciclo, maior será a riqueza gerada pela empresa.

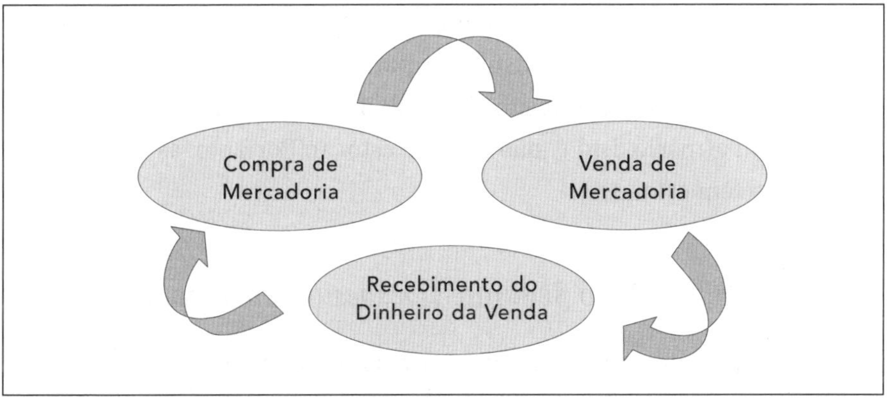

Figura: Ciclo de geração de riqueza através do estoque.

Existem diferentes tipos de estoques, pois existem diferentes tipos de empresas, quais sejam, as empresas comerciais, as industriais e as de serviço. As empresas comerciais são aquelas que compram um produto já terminado, pronto para ser revendido, sem que haja a necessidade de transformá-lo. Assim, essas empresas terão apenas um tipo de estoque: mercadorias para revenda.

Já as empresas industriais adquirem um produto ainda não acabado ou um conjunto de matérias-primas e o transforma em um produto final.

Imaginemos uma padaria: ela produz pães e bolos e, para isso, precisa utilizar farinha, açúcar, ovos e outros ingredientes, necessários para que as receitas fiquem prontas. Em um determinado período dessa padaria, teremos parte dos ingredientes que ainda não foram usados, parte dos produtos que ainda estão nos fornos e não podem ser vendidos, e parte dos produtos que já estão prontos para ser vendidos.

Portanto, assim como na padaria, todas as empresas industriais terão em seus estoques: matéria-prima (como a farinha, o açúcar e os ovos), produtos em elaboração (como os produtos que ainda estão no forno), produtos acabados (como os pães e bolos prontos) e embalagens (como as formas, os papéis e os plásticos utilizados para embalar os produtos).

Em relação às empresas de serviço ou prestadoras de serviço, existe uma particularidade. Imaginemos um contador que tenha terminado o seu curso e preste serviços de consultoria para as empresas. O produto que está vendendo é o seu conhecimento, e isso não dá para colocar em uma prateleira ou armário, isto é, não dá para estocar. Portanto, as empresas de serviço não têm estoques.

Despesas do Exercício Seguinte (Despesas Antecipadas)

Apesar do nome "despesas", essas contas representam direitos das empresas e, portanto, devem ser consideradas como ativo. Para entender melhor, vamos imaginar que uma empresa, no dia 1º de janeiro de 2012, tenha feito um seguro no valor de R$ 120.000,00 para o ano todo, isto é, o seguro de cada mês corresponde a R$ 10.000,00. Na contabilidade de janeiro, o contador já havia apurado um lucro de R$ 100.000,00, mas se esqueceu de realizar o lançamento do seguro.

Então, o contador diminui do lucro da empresa a quantia gasta com o seguro e, de um lucro de R$ 100.000,00, a empresa passa a ter um prejuízo de R$ 20.000,00 (R$ 100.000,00 – R$ 120.000,00). Quando o diretor da empresa viu o prejuízo em suas contas, quis saber do contador o porquê, já que a empresa apresentava uma ótima situação financeira vindo, inclusive, a pagar o seguro à vista, em uma única parcela.

É preciso destacar que o lucro existente no patrimônio líquido é um lucro contábil, ou seja, para se tornar realidade, é preciso receber dos clientes os direitos e pagar todas as contas, exatamente por causa do regime de competência.

O erro no caso do seguro foi que o contador jogou no mês de janeiro o valor dos seguros de todos os meses, ou seja, deveria jogar em janeiro apenas o seguro de janeiro, em fevereiro apenas o de fevereiro e assim por diante.

O valor correto que deveria ser diminuído do lucro da empresa em janeiro seria R$ 10.000,00 e não os R$ 120.000,00. O lucro correto para o mês de janeiro seria de R$ 90.000,00 (R$ 100.000,00 – R$ 10.000,00).

Portanto, a empresa teria o direito de diminuir do lucro apenas o valor correspondente ao exercício (nesse caso, janeiro), e não o do ano inteiro. A cada mês, a empresa irá diminuir do lucro a parcela correspondente àquele mês até que, ao final do ano, o saldo da conta despesas antecipadas esteja zerado independentemente de como essa despesa foi realmente paga (à vista, em duas vezes, três vezes, etc.).

Além do seguro, podemos imaginar outros casos, como o IPTU, IPVA, etc., que também podem gerar uma despesa antecipada. Geralmente, a nomenclatura utilizada para essas contas apresenta a expressão "a recuperar", por exemplo: Seguros a Recuperar.

Ativo Não Circulante

Os ativos que não forem classificados como circulantes farão parte do ativo não circulante, que é uma novidade trazida pela Lei nº 11.638/2007. Na verdade, com a criação desse grupo, o ativo fica classificado em ativo circulante e não circulante; antes, era classificado em ativo circulante, ativo realizável a longo prazo e permanente.

Dentro do ativo não circulante, serão classificados o realizável a longo prazo e os componentes do antigo ativo permanente: os investimentos, o imobilizado e o intangível (o subgrupo do diferido não existe mais).

Ativo Realizável a Longo Prazo

Com exceção do disponível, serão classificadas no ativo realizável a longo prazo todas as contas do ativo circulante, desde que tenham os seus prazos de recebimento após o término do exercício subsequente ao Balanço. O artigo 179, § II, da Lei nº 6.404/1976, apresenta o que deve ser incluído nas contas no ativo realizável a longo prazo:

> II – no ativo realizável a longo prazo: os direitos realizáveis após o término do exercício seguinte, assim como os derivados de vendas, adiantamentos ou empréstimos a sociedades coligadas ou controladas (artigo 243), diretores, acionistas ou participantes no lucro da companhia, que não constituírem negócios usuais na exploração do objeto da companhia.

A regra básica para diferenciar um ativo circulante de um ativo realizável a longo prazo é verificar se a data do recebimento se refere a um ano ou a mais de um ano. Mas é preciso destacar que esse "um ano" deve ser contado após o término do exercício. Por exemplo: suponha que estejamos fazendo a contabilidade do ano de 2012. Assim, ela compreende de 1º de janeiro de 2012 a 31 de dezembro de 2012.

Serão considerados como ativo circulante os direitos que estiverem dentro do exercício subsequente, ou seja, de 1/1/2013 a 31/12/2013. Perceba que "um ano" se refere à data do último dia do exercício contábil, isto é, um ano a partir de 31/12/2012. Se a empresa, em 1/1/2012, realizar uma venda a prazo para ser recebida em 1/12/2013, apesar de representar mais de um ano, não será considerada como ativo realizável a longo prazo.

A lei ainda menciona, no parágrafo único do artigo 179, a questão do ciclo operacional:

> Parágrafo único. Na companhia em que o ciclo operacional da empresa tiver duração maior que o exercício social, a classificação no circulante ou longo prazo terá por base o prazo desse ciclo.

Existem empresas, como as que constroem aeronaves, por exemplo, que demoram mais de um ano para produzir os seus produtos, em que o período operacional (ou ciclo operacional) não coincide com o exercício social (de janeiro a dezembro). Assim, o ciclo operacional pode demorar 15 meses, 24 meses, etc. Nesses casos, para a identificação entre ativo circulante ou ativo realizável a longo prazo, é preciso considerar o ciclo operacional em vez do exercício social.

No ativo circulante, ficam os bens e direitos que a empresa tem a receber no prazo de um ano. No ativo realizável a longo prazo, são os que a empresa tem a receber em um prazo superior a um ano. No entanto, existem ativos que a empresa não precisa receber, pois já são de sua propriedade. Eles irão contribuir por mais de um exercício social.

Uma mercadoria, por exemplo, irá servir à empresa em apenas um momento no seu exercício, pois foi adquirida para permanecer pouco tempo na empresa e ser vendida em seguida. Já uma máquina, por exemplo, vai servir à empresa por vários períodos, permanecerá na empresa até o término de sua vida útil, o que poderá se dar em dois anos, cinco anos, dez anos, cinquenta anos, etc.

Esses ativos podem ser classificados em investimentos, imobilizado e intangível.

Investimentos

A Lei nº 6.404/1976 em seu artigo 179, § III, estabelece as contas que deverão compor o subgrupo dos investimentos:

> III – em investimentos: as participações permanentes em outras sociedades e os direitos de qualquer natureza, não classificáveis no ativo circulante, e que não se destinem à manutenção da atividade da companhia ou da empresa.

As participações permanentes em outras sociedades a que se refere a lei são as ações que a empresa compra de outras empresas. Uma empresa cujo capital é constituído por ações (aquelas com o nome sempre terminado em S. A.), pode vender parte ou todos os seus papéis para outras empresas que, quando tiverem a maior parte do capital (ou dos papéis), assumem o controle decisório da empresa que emitiu as ações.

Dessa forma, as empresas podem estender as suas atividades comprando ações de outras companhias. Por exemplo: uma empresa de bebidas que tiver dinheiro sobrando pode decidir comprar ações da Petrobrás, empresa de extração de petróleo, que nada tem a ver com o seu ramo de negócio ou atividade-fim.

Ao comprar ações de outras companhias, as empresas estarão participando do resultado (lucro ou prejuízo) dessas empresas, pois se tornam acionistas. Trata-se de um tipo de investimento, pois as empresas estarão aplicando o seu dinheiro, e tem caráter permanente, pois as empresas adquirem essas ações sem a prévia intenção de se desfazer delas. Ou seja, uma empresa compra ações para participar do lucro ou do prejuízo de outras companhias para sempre, ou até o dia em que esses resultados não compensarem mais e ela decida se desfazer das ações.

Além das ações de outras companhias, também podem ser classificadas nesse grupo as joias, os quadros, as obras de arte, os terrenos e imóveis que não estiverem em uso, entre outros.

Imobilizado

Como o próprio nome diz, pertencem a esse subgrupo todos os bens que estão imóveis, estacionados pela empresa. Isso não significa que esses ativos não possam sair do lugar, apenas que a empresa não possui a intenção de se desfazer deles. O artigo 179, § IV, da Lei nº 6.404/1976, alterado pela Lei nº 11.638/2007, estabelece o que deve ser considerado como imobilizado:

> IV – no ativo imobilizado: os direitos que tenham por objeto bens corpóreos destinados à manutenção das atividades da companhia ou da empresa ou exercidos com essa finalidade, inclusive os decorrentes de operações que transfiram à companhia os benefícios, riscos e controle desses bens.

São exemplos de imobilizado os equipamentos, imóveis, instalações, ferramentas, máquinas, veículos, semoventes (animais colocados à disposição da empresa), etc. Eles irão contribuir para o exercício da atividade-fim da empresa. Uma máquina, por exemplo, irá contribuir para a fabricação dos produtos da empresa, que, por sua vez, não tem a intenção imediata de se desfazer da máquina.

No processo produtivo, há um desgaste natural desses ativos, seja pelo uso ou pelo tempo. Portanto, as empresas precisam considerar esse desgaste ou essa "depreciação" no seu Balanço Patrimonial. A depreciação será acumulada, período a período, e passará a absorver os valores em uma conta chamada depreciação acumulada, que será disposta logo abaixo do ativo a ela correspondente e terá o saldo negativo.

Por exemplo: imagine um veículo contabilizado por R$ 20.000,00 que terá uma vida útil de quatro anos. Portanto, a cada ano será contabilizada uma depreciação de R$ 5.000,00, ou 25%, o que significa que a cada ano o veículo perde 25% de seu valor. No Balanço Patrimonial, essas contas ficariam da seguinte maneira:

Veículos	R$ 20.000,00
Depreciação Acumulada	(R$ 5.000,00)

A depreciação é muito importante, pois mostra o quanto determinado bem está depreciado ou desgastado. Quando atingir 100% do bem, ela deverá ser eliminada juntamente com o ativo a ela correspondente.

Além da depreciação, que é utilizada para os bens tangíveis (com corpo físico), existe a amortização para os bens intangíveis (não possuem corpo físico, como as marcas e patentes, por exemplo), e a exaustão para os recursos naturais (uso de uma reserva florestal, mina de carvão, etc.), porém, estas, serão classificadas no próximo subgrupo, o do intangível.

Intangível

Este é um subgrupo novo, trazido pela Lei nº 11.638/2007. Antes, os ativos intangíveis não possuíam um grupo específico e eram contabilizados juntamente com o imobilizado. Muitas empresas possuem a maior parte de seus ativos formada por ativos intangíveis, portanto, foi um grande avanço evidenciá-los de maneira segregada no Balanço.

Além da questão da evidenciação, a forma como são reconhecidos também ficou muito melhor, pois, antigamente, quando se comprava uma empresa por um determinado valor, utilizava-se o valor do patrimônio líquido para verificar o quanto se pagou a mais ou a menos por ela. Com a nova lei, é utilizado o valor de mercado da empresa, o que possibilitou uma informação mais coerente sobre a operação. A Lei nº 11.638/2007 diz o seguinte:

> VI – no intangível, os direitos que tenham por objeto bens incorpóreos destinados à manutenção da companhia ou exercidos com essa finalidade, inclusive o fundo de comércio adquirido.

Com isso, é possível segregar o valor da marca de uma empresa, como a Coca-Cola, por exemplo, caso em que, apesar do porte da empresa, o valor de seus bens físicos é infinitamente menor do que o valor do seu nome, pois é exatamente a marca que proporciona toda a capacidade da empresa de gerar fluxos de benefícios futuros.

Observe também que é mencionado o fundo de comércio adquirido, que é o valor pago a mais por uma empresa em relação ao seu valor de mercado. Um comprador paga um valor maior por uma empresa por estar esperando gerar muito mais riqueza com esse bem do que o custo em que está incorrendo no momento da compra.

Se quiser fazer uma reflexão, por que você acha que os jogadores de futebol são vendidos por valores milionários? Porque os clubes esperam receber com contratos de propaganda, vendas de camisetas, bilheterias de jogos, etc., valores muito superiores aos pagos pela transação dos jogadores.

Diferido (extinto pela Lei nº 11.941/2009)

Esse subgrupo foi extinto pela Lei nº 11.941/2009. Todos os seus valores precisam ser confrontados contra lucros ou prejuízos acumulados ou reclassificados em outros grupos.

O conceito era o seguinte: uma empresa não necessariamente precisa estar operando para começar a fazer a sua contabilidade. A partir do momento em que é realizado o arquivamento do ato formal na Junta Comercial ou no cartório (contrato social, estatuto social ou requerimento do empresário), já é possível começar a realizar os lançamentos contábeis.

Esse período em que a empresa não estiver operando é denominado "pré-operacional". Imagine dois sócios que resolvem constituir uma empresa, para a qual cada um contribuirá com R$ 50.000,00. Com esse dinheiro, precisam comprar um terreno, construir a empresa, equipá-la adequadamente e, somente depois, começar a realizar suas operações. Nessa fase, a empresa incorrerá em determinadas despesas como o salário dos operários da construção, as contas de água, energia elétrica, etc.

Como a empresa ainda não possui resultado, ou seja, não está operacionalizando os produtos, mercadorias ou serviços, todas essas despesas precisavam ser ativadas (contabilizadas como ativo) para depois, quando ela começar suas operações, serem transportadas para o resultado do exercício.

A Lei nº 11.638/2007, que alterou a Lei nº 6.404/1976 em seu artigo 179, § V, determinou as contas que deveriam ser incluídas no diferido:

> V – no diferido: as despesas pré-operacionais e os gastos de reestruturação que contribuirão, efetivamente, para o aumento do resultado de mais de um exercício social e que não configurem tão somente uma redução de custos ou acréscimo na eficiência operacional.

Portanto, quando a empresa estivesse em fase pré-operacional e incorresse em despesas, poderia "ativá-las" no Balanço Patrimonial, no subgrupo do diferido.

Com a extinção desse grupo pela Lei nº 11.941/2009, esses valores mencionados e outros, como as despesas com pesquisa e desenvolvimento (P&D), passam a ser considerados despesas no resultado do exercício (IFRS 38). Uma outra alternativa seria a permanência do saldo até o seu desaparecimento. Por isso a inclusão neste livro dos comentários sobre o ativo diferido, pois ainda podem aparecer demonstrações com saldo nesse subgrupo (Brasil5, 2009).

Grupos do Passivo

Se as contas do ativo são representadas por bens e direitos, para equilibrar a equação patrimonial, o passivo é representado pelas obrigações ou diminuições do patrimônio da empresa. Elas estão dispostas do lado direito do Balanço e representam as origens de recursos que podem vir de terceiros, isto é, de agentes externos à empresa (como bancos, fornecedores, governo, etc.), e os da própria empresa (através dos sócios ou acionistas), os chamados recursos próprios.

Portanto, diz-se que os recursos, ou, melhor dizendo, o capital, pode ser de terceiros ou próprio. O capital de terceiros é conhecido como passivo exigível, pois apresenta as seguintes características:

- a empresa está obrigada a pagar esses valores, independente do fato de ter lucro ou não, pois os recursos não pertencem a ela;
- a data do pagamento e o valor da dívida são conhecidos – por exemplo, quando se pega um empréstimo no banco, sabe-se desde o início quando e quanto vai se pagar; e
- o credor é sempre conhecido, pois, quando a empresa obteve o recurso e contraiu a dívida, teve que se relacionar, de modo formal, com o agente fornecedor do recurso, como na emissão de uma nota fiscal, por exemplo, onde constam os nomes do comprador e do vendedor, assim como a data, valor e itens transacionados.

Esse tipo de passivo é subdividido em passivo circulante e passivo não circulante.

O capital próprio é representado pelo patrimônio líquido e, ao contrário do passivo exigível, a empresa não está obrigada a pagar esses valores, pois pertencem aos seus sócios e acionistas. Dessa forma, no caso de lucro, não se sabe ao certo a data do pagamento e o valor exato a ser distribuído, nem o sócio para quem a empresa tem que realizar o pagamento, como no caso das sociedades por ações.

Portanto, o passivo é formado pelo passivo circulante, passivo não circulante e patrimônio líquido, e, para conhecer melhor cada conta do passivo, iremos analisar a seguir cada um desses grupos.

Passivo Circulante

O passivo circulante é caracterizado pelas obrigações da empresa para com terceiros cujo período de pagamento esteja dentro do prazo do exercício subsequente ao término do Balanço Patrimonial. Isto é, se estivermos fazendo a contabilidade do ano de 2012, que irá de 1º de janeiro de 2012 a 31 de dezembro de 2012, as obrigações que farão parte do grupo do passivo circulante são aquelas até 31 de dezembro de 2013, o que coincide com o prazo de um ano da data do término do Balanço Social (31 de dezembro de 2012).

São exemplos de obrigações com terceiros:

- Bancos – empréstimos a pagar, financiamentos a pagar, despesas financeiras a pagar, etc.
- Fornecedores – duplicatas a pagar ou, simplesmente, fornecedores.
- Governo – impostos e contribuições a pagar como ICMS, IPI, ISSQN, IRPJ, CSLL, IPTU, etc.
- Contas Diversas a Pagar – água, energia elétrica, telefone, aluguel, etc.

A nomenclatura que se utiliza, usualmente, para as obrigações é "a pagar", "a recolher" ou "a contribuir" – por exemplo, energia elétrica a pagar,

FGTS a recolher ou INSS a contribuir. Porém, a nomenclatura não é o mais importante, e sim a maneira como as contas estão disponibilizadas nas demonstrações, ou seja, se estão evidenciadas de maneira correta.

Passivo Não Circulante

O grupo do passivo não circulante é composto praticamente pelo passivo exigível a longo prazo, o qual segue a mesma regra do passivo circulante, com a diferença de que, nesse grupo, são utilizadas as obrigações situadas após o término do período subsequente ao Balanço Patrimonial.

Isto é, se estivermos fazendo a contabilidade do ano de 2012, que irá de 1º de janeiro de 2012 a 31 de dezembro de 2012, as obrigações que farão parte do grupo do passivo exigível a longo prazo serão aquelas cujo prazo de pagamento esteja após a data de 31 de dezembro de 2013, o que dará mais de um ano do encerramento do Balanço (31 de dezembro de 2012).

São exemplos desse subgrupo os financiamentos, *leasings*, empréstimos e outros valores a pagar a longo prazo.

Resultados de Exercícios Futuros (extinto pela Lei nº 11.941/2009)

Esse subgrupo, assim como o ativo diferido, também foi extinto pela Lei nº 11.941/2009. Esse grupo de contas ficava entre o passivo exigível e o patrimônio líquido e nele eram classificadas as receitas de exercícios posteriores à data do balanço que deveriam ser reconhecidas em tempo oportuno, mas que já foram recebidas.

O artigo 181 da Lei nº 6.404/1976 definia que: "Serão classificadas como resultados de exercício futuro as receitas de exercícios futuros, diminuídas dos custos e despesas a elas correspondentes".

Para as receitas serem reconhecidas nesse subgrupo ainda é preciso que "não haja qualquer tipo de obrigação de devolução por parte da empresa", caso contrário, essas devem ser classificadas como passível exigível (Fipecafi, 2010).

Observando a definição e o comentário anteriores, pode-se verificar que era utilizado em pouquíssimos casos e, por isso mesmo, foi extinto.

Podemos citar um exemplo de um lançamento em resultados de exercícios futuros, no caso, um aluguel recebido antecipadamente.

Um aluguel de R$ 10.000,00 recebido antecipadamente, cujo locatário, mesmo que devolvesse o imóvel antes do prazo do término do contrato, não teria nenhum valor reembolsado, pois o locador já havia estipulado no contrato a condição de não devolução desse dinheiro. Digamos que, para alugar esse imóvel, o locador tenha gasto R$ 1.000,00 em reformas. Entraria nos resultados de exercícios futuros o dinheiro recebido de maneira antecipada, ou seja, a receita futura de R$ 10.000,00, deduzida do montante dos gastos com a reforma, ou seja, os custos e despesas de R$ 1.000,00. Portanto, no Balanço Patrimonial ficaria representado dessa forma:

RESULTADOS DE EXERCÍCIOS FUTUROS	
Receitas de Exercícios Futuros	10.000,00
(–) Custos e Despesas de Exercícios Futuros	(1.000,00)

Agora, se a empresa tivesse a obrigação da devolução dessas receitas recebidas ou a da contraprestação, os valores seriam classificados como passível exigível. Por exemplo: se uma empresa recebesse antecipadamente as receitas das culturas (produtos cultivados) que ela ainda iria produzir, deveria reconhecer como passivo exigível de curto ou longo prazo, conforme o prazo de entrega, pois a empresa teria a obrigação de produzir ou entregar esses ativos.

O tratamento para as contas desse subgrupo que apresentavam saldo na data da publicação da Lei nº 11.941/2009 determina que devem ser transferidas para o passivo não circulante, devidamente destacadas as receitas e despesas (Brasil5, 2009).

Patrimônio Líquido

O patrimônio líquido é a diferença algébrica entre o ativo e o passivo, e corresponde ao montante pertencente aos sócios ou proprietários da empresa. Portanto, se o passivo é considerado o capital de terceiros, o patrimônio líquido representa o capital próprio da empresa.

Patrimônio Líquido = Ativo (–) Passivo

É comum uma pessoa, quando questionada sobre qual é o seu patrimônio, apontar somente os seus ativos, sem mencionar os passivos. Assim como nas empresas, somente pode existir riqueza se os ativos superarem os passivos, ou seja, se o saldo do patrimônio líquido for positivo.

Outra confusão se refere ao fato de as pessoas acharem que o valor apresentado no patrimônio líquido está disponível para a empresa gastar com o que quiser. Isso não é verdade, pois o valor do patrimônio líquido não representa necessariamente dinheiro.

Por exemplo, se aparecem R$ 100.000,00 no patrimônio líquido de uma empresa, isso não quer dizer que ela tem esse valor para gastar, isto é, não quer dizer que ela tem R$ 100.000,00 de dinheiro. Para saber quanto ela tem realmente de dinheiro, é preciso verificar as disponibilidades, no ativo circulante.

O valor do patrimônio líquido somente representará dinheiro em espécie se a empresa vender todos os seus ativos pelos mesmos valores em que estão evidenciados no balanço e pagar todas as dívidas constantes em seu Passivo, ou seja, o patrimônio líquido somente se transformará em dinheiro caso o seu patrimônio seja inteiramente liquidado.

Uma outra situação que também gera confusão, mas que não é tão comum de acontecer é quando o passivo for maior que o ativo, caso em que a empresa ficará com um patrimônio líquido negativo.

Para manter o equilíbrio do Balanço Patrimonial, evidencia-se essa diferença no final do ativo, com o título de "passivo a descoberto". Assim diz o artigo 1º da Resolução do Conselho Federal de Contabilidade - CFC nº 1.049, de 7/10/2005, alínea c:

> c) o patrimônio líquido compreende os recursos próprios da entidade, e seu valor é a diferença positiva entre o valor do ativo e o valor do passivo. Quando o valor do passivo for maior que o valor do ativo, o resultado é denominado passivo a descoberto. Portanto, a expressão patrimônio líquido deve ser substituída por passivo a descoberto.

Portanto, o Balanço Patrimonial ficaria dessa maneira:

BALANÇO PATRIMONIAL

ATIVO	PASSIVO
Ativo circulante	Passivo circulante
Ativo não circulante	Passivo não circulante
Total do ativo passivo a descoberto	
Total do ativo mais o passivo a descoberto	Total do passivo

Note que o patrimônio líquido não aparece mais do lado direito do balanço e, abaixo do ativo, surge o passivo a descoberto, que, na verdade, é o valor negativo do patrimônio líquido.

O patrimônio líquido é composto pelo capital social, menos os gastos com emissão de Ações, reservas de capital, opções outorgadas reconhecidas, reservas de lucros, ações em tesouraria, ajustes de avaliação patrimonial, ajustes acumulados de conversão e prejuízos acumulados.

Capital Social

Capital social é o montante dos recursos que os sócios colocam na empresa. Também é conhecido por capital inicial ou capital subscrito. Existe ainda o capital autorizado, que aparece apenas no estatuto das companhias abertas e representa o montante previamente estabelecido de capital social que pode ser aumentado sem a necessidade de uma alteração no estatuto da empresa, mas que não é colocado no Balanço Patrimonial.

Pode ocorrer ainda de o sócio ingressar na empresa e integralizar (realizar) a sua parte do capital somente em um momento posterior, isto é, ele entra na empresa com o compromisso de efetivar a sua parte no futuro. Quando isso acontece, surge a figura do capital a integralizar.

Por exemplo: dois sócios constituem uma empresa onde cada um entra com R$ 50.000,00. Porém, um sócio entra com R$ 50.000,00 em dinheiro e o outro, por não ter o dinheiro naquele momento, entra com o compromisso de integralizar esse dinheiro no mês seguinte.

Como o fato do capital social acontece no momento presente, a contabilidade se vê obrigada a registrar tal acontecimento, independentemente, de o sócio ter ou não o dinheiro. Então, essa quantia que ainda não foi integralizada deve ser registrada em uma conta redutora, logo abaixo da conta Capital Social, para que fique nítida a composição do capital social e para que a estática do balanço permaneça intacta.

BALANÇO PATRIMONIAL

ATIVO		**PASSIVO**	
Ativo circulante	**50.000,00**	**Passivo circulante**	
Disponível	50.000,00		
Caixa	50.000,00		
Ativo não circulante		**Passivo não circulante**	
		Patrimônio líquido	**50.000,00**
		Capital social	100.000,00
		(–) Cap. a integralizar	(50.000,00)
Total do ativo	**50.000,00**	**Total do passivo**	**50.000,00**

Perceba que a conta capital social corresponde ao valor total das partes dos sócios, integralizadas ou não. Já o capital a integralizar sempre vai ser negativo, pois representa uma redução do valor do capital social, correspondente à parte não integralizada (realizada ou subscrita) dos sócios.

No valor do capital social devem ser descontados os gastos com emissões de ações, os quais precisam aparecer em uma conta redutora, segregada, portanto, do capital social.

Reservas de Capital

As reservas são valores dos lucros não realizados que se destinam a um determinado fim. As reservas de capital são utilizadas para aumentar o capital social das empresas, como o recebimento de doações. A Lei nº 6.404/1976, em seu artigo 182, §§ 1º e 2º, especifica em quais hipóteses poderão ser utilizadas as reservas de capital:

> § 1º Serão classificadas como reservas de capital as contas que registrarem:
> a) a contribuição do subscritor de ações que ultrapassar o valor nominal e a parte do preço de emissão das ações sem valor nominal que ultrapassar a importância destinada à formação do capital social, inclusive nos casos de conversão em ações de debêntures ou partes beneficiárias;
> b) o produto da alienação de partes beneficiárias e bônus de subscrição.
> § 2º Será ainda registrado como reserva de capital o resultado da correção monetária do capital realizado, enquanto não capitalizado.

Perceba que todos os itens se referem aos possíveis aumentos no capital social das empresas. Caso não existisse a reserva de capital, os ajustes teriam que ser feitos diretamente na conta capital social, o que implicaria modificações constantes no contrato social ou estatuto social das empresas.

Quando um ativo, por exemplo, é comprado não com dinheiro, mas com ações da empresa, estas também podem ser consideradas como um tipo de reserva de capital, porém precisam ser evidenciadas de forma segregada no Balanço, em uma conta intitulada opções outorgadas reconhecidas.

Reservas de Lucros

As reservas de lucros podem ser utilizadas para os mais variados fins, destacando-se entre elas a reserva legal, a estatutária, a reserva para contingência, a reserva de incentivos fiscais, os de lucros acumulados e a reserva de lucros a realizar.

A reserva legal está definida no artigo 193 da Lei nº 6.404/1976, o qual especifica que: "Do lucro líquido do exercício, 5% (cinco por cento) serão aplicados, antes de qualquer outra destinação, na constituição da reserva legal, que não excederá de 20% (vinte por cento) do capital social". E mais, no parágrafo 1º diz que: "A companhia poderá deixar de constituir a reserva legal no exercício em que o saldo dessa reserva, acrescido do montante das reservas de capital de que trata o § 1º do artigo 182, exceder de 30% (trinta por cento) do capital social". Ela somente poderá ser utilizada para compensar prejuízos ou aumentar o capital social das empresas.

A reserva estatutária, como o próprio nome diz, é criada pelo estatuto da empresa, desde que, conforme a Lei nº 6.404/1976, artigo 194, para cada uma, a empresa:

> I – indique, de modo preciso e completo, a sua finalidade;
>
> II – fixe os critérios para determinar a parcela anual dos lucros líquidos que serão destinados à sua constituição; e
>
> III – estabeleça o limite máximo da reserva.

A reserva para contingência é destinada a cobrir eventuais prejuízos provocados por acontecimentos que possam impactar o lucro da empresa, como a queda no seu faturamento provocada pela sazonalidade das vendas. Isso implica uma garantia de recebimento de dividendos por parte dos acionistas, caso essas eventualidades realmente ocorram.

A reserva de incentivos fiscais foi trazida pela Lei nº 11.638/2007, que criou o artigo 195-A, facultando às empresas destinarem parte dos seus lucros para doações ou subvenções governamentais. Caso os administradores escolham por fazer essa reserva, estarão automaticamente diminuindo a parcela dos lucros que deverá ser distribuída aos sócios.

Como, a partir da Lei nº 11.638/2007, a conta lucros acumulados não pode apresentar saldo (no caso das S. A.), os lucros que as empresas forem obtendo em cada resultado, enquanto não realizados, deverão ser acumulados em uma conta intitulada lucros acumulados. Essa conta é a base para todas as contrapartidas de destinação dos lucros, como a distribuição de dividendos e a criação ou reversão de outras reservas.

Poderá ser ainda utilizada a conta reservas de lucros a realizar para vários outros fins que empresa julgar necessários.

Todo o montante das reservas de lucros (exceto para as contingências, de incentivos fiscais e de lucros a realizar) não poderá exceder o capital social da empresa, devendo os administradores escolher a destinação do excesso de lucro (Brasil2, 2007, artigo 199).

Ações em Tesouraria

Ações em tesouraria são ações que a empresa compra dela mesma. Ou seja, a empresa emite ações para captar recursos e, em determinado momento, pode adquirir as ações que ela emitiu (recompra de ações).

Essas ações não podem ser diretamente devolvidas na conta capital social, devendo constar como uma conta redutora no Balanço.

O § 5º, do artigo 182, da Lei nº 6.404/1976 especifica como deverão ser evidenciadas no Balanço Patrimonial as ações em tesouraria: "§ 5º As ações em tesouraria deverão ser destacadas no Balanço como dedução da conta do patrimônio líquido que registrar a origem dos recursos aplicados na sua aquisição".

Por isso, sempre aparecerão reduzindo o valor do patrimônio líquido. Caso a empresa deseje recompor o seu capital com essas ações, basta fazer o ajuste contra a conta capital social.

Ajustes de Avaliação Patrimonial

A Lei nº 11.638/2007 extinguiu a reserva de reavaliação, substituindo-a pelos ajustes de avaliação patrimonial. Isso porque somente os itens do ativo imobilizado eram corrigidos e, mesmo assim, a legislação era incoerente ao tornar facultativo o processo de reavaliação, assim como não exigia a reavaliação para todos os itens nem a sua realização por períodos constantes.

Dessa forma, a nova redação do artigo 182, § 3º, ficou assim:

> § 3º Serão classificadas como ajustes de avaliação patrimonial, enquanto não computadas no resultado do exercício em obediência ao regime de competência, as contrapartidas de aumentos ou diminuições de valor atribuído a elementos do ativo (§ 5º do artigo 177, inciso I do caput do artigo 183 e § 3º do artigo 226 desta lei) e do passivo, em decorrência da sua avaliação a preço de mercado.

Note que, além dos ajustes do ativo, também serão considerados os ajustes do passivo. É esse instrumento que possibilita ao Balanço Patrimonial não ser apenas um retrato estático da situação da empresa em um determinado período, mas reconhecer todo o potencial da empresa em relação aos seus ativos e passivos.

Na prática, é fazer com que os valores do Balanço Patrimonial reflitam o valor justo dos seus ativos e passivos, com as variações positivas e negativas sendo registradas nesse grupo de contas. Quando for realizado um determinado item e o valor da transação for realmente concretizado, dá-se a baixa nos ajustes de avaliação patrimonial.

Por exemplo, no ativo havia um imóvel no valor de R$ 100.000,00. Ao final do ano, foi feito um laudo que indicou que o valor correto desse imóvel era de R$ 80.000,00. Então, diminui-se em R$ 20.000,00 o valor do bem e a contrapartida se dá em ajustes de avaliação patrimonial. Quando esse imóvel for baixado do Balanço, os R$ 20.000,00 dos ajustes de avaliação patrimonial serão transferidos para o resultado como uma perda que a empresa teve pela desvalorização do imóvel.

Paralelamente aos ajustes de avaliação patrimonial, existe uma outra conta intitulada ajustes acumulados de conversão, utilizada para registrar as variações cambiais, positivas e negativas, referentes a determinados investimentos feitos em moeda que não seja o real. Assim especifica a orientação técnica nº 2 do CPC:

> Resta lembrar que as variações cambiais dos investimentos em controladas (aquelas que não possuem a característica de filial, sucursal ou extensão das atividades da controladora) e coligadas em outra moeda funcional que não o real (R$) não podem, a partir de 2008, em função desse Pronunciamento Técnico, afetar o resultado do exercício, sendo registradas diretamente em conta transitória do patrimônio líquido, sob o título de Ajuste Acumulado de Conversão ou equivalente, que será reconhecida no resultado apenas quando da baixa do investimento. Essa conta não é uma Reserva, pode ter saldo negativo e pode ser apresentada logo a seguir à de Ajustes de Avaliação Patrimonial, não se confundindo, entretanto, com esta.

Portanto, os saldos dessa conta serão mantidos até o momento da baixa dos investimentos, quando serão reconhecidos no resultado (lucro ou prejuízo).

Prejuízos Acumulados

A conta prejuízos acumulados também foi outra novidade trazida pela Lei nº 11.638/2007, pois existia somente uma conta para lucros ou prejuízos acumulados. Como os resultados positivos (lucros) são transportados para a conta Lucros acumulados ou reserva de lucros a realizar, os resultados negativos (prejuízos) devem ser encaminhados para a conta prejuízos acumulados.

Esses valores podem ser compensados por resultados positivos futuros das empresas e, por isso, precisam aparecer de forma segregada no Balanço. Quando isso acontecer, faz-se a baixa utilizando a conta Lucros acumulados (ou reserva de lucros a realizar) como contrapartida.

Exercício Resolvido

Com base nas contas abaixo, elabore o Balanço Patrimonial:

CONTAS	VALOR (R$)
Impostos a recolher	12.000,00
Estoques	26.000,00
Clientes – longo prazo	40.000,00
Veículos	80.000,00
Lucros acumulados	150.000,00
Fornecedores	20.000,00
Caixa	30.000,00
Imóveis	120.000,00
Reserva legal	55.000,00
Ações de outras cias.	56.000,00
Clientes	18.000,00
Financiamentos a pagar – Longo prazo	85.000,00
Bancos	15.000,00
Contas a pagar	38.000,00
Marcas e patentes	100.000,00
Máquinas e equipamentos	75.000,00
Capital social	200.000,00

Resolução:

Primeiramente, é elaborar um Balanço Patrimonial apenas com a sua estrutura, ou seja, apenas com seus principais grupos, e depois disso, basta classificar cada conta no seu respectivo grupo do Balanço.

Assim que todas as contas estiverem no Balanço, basta totalizar os grupos e verificar se o ativo possui o mesmo valor que o passivo, isto é, se o ativo está batendo com o passivo.

BALANÇO PATRIMONIAL

ATIVO	PASSIVO
Ativo circulante	**Passivo circulante**
Disponível	
Créditos	
Estoques	**Passivo não circulante**
Despesas antecipadas	
Ativo não circulante	
Ativo realizável a longo prazo	**Patrimônio líquido**
Investimento	
Imobilizado	
Intangível	

Classificação das contas:

CONTAS	VALOR (R$)	CLASSIFICAÇÃO
Impostos a recolher	12.000,00	Passivo circulante
Estoques	26.000,00	Ativo circulante – estoques
Clientes – longo prazo	40.000,00	Ativo não circulante – ARLP
Veículos	80.000,00	Ativo não circulante – imobilizado
Lucros acumulados	150.000,00	Patrimônio líquido
Fornecedores	20.000,00	Passivo circulante
Caixa	30.000,00	Ativo circulante – Disponível
Imóveis	120.000,00	Ativo não circulante – Imobilizado
Reserva legal	55.000,00	Patrimônio líquido
Ações de outras cias.	56.000,00	Ativo não circulante – Investimentos
Clientes	18.000,00	Ativo circulante – Créditos
Financ. a pagar – Longo prazo	85.000,00	Passivo não circulante
Bancos	15.000,00	Ativo circulante – Disponível
Contas a pagar	38.000,00	Passivo circulante
Marcas e patentes	100.000,00	Ativo não circulante – Intangível
Máquinas e equipamentos	75.000,00	Ativo não circulante – Imobilizado
Capital social	200.000,00	Patrimônio líquido

Agora com as contas classificadas, basta transportá-las para o Balanço Patrimonial.

BALANÇO PATRIMONIAL (EM R$)

ATIVO		PASSIVO	
Ativo circulante	**89.000,00**	**Passivo circulante**	**70.000,00**
Disponível	**45.000,00**	Fornecedores	20.000,00
Caixa	30.000,00	Impostos a recolher	12.000,00
Bancos	15.000,00	Contas a pagar	38.000,00
Créditos	**18.000,00**		
Clientes	18.000,00		
Estoques	**26.000,00**		
Estoques	26.000,00		
Despesas antecipadas			
Ativo não circulante	**471.000,00**	**Passivo não circulante**	**85.000,00**
		Exigível a longo prazo	**85.000,00**
Realizável longo prazo	**40.000,00**	Financiamento a pagar l. prazo	85.000,00
Clientes – longo prazo	40.000,00		
Investimentos	**56.000,00**		
Ações e outras cias.	56.000,00	**Patrimônio líquido**	**405.000,00**
		Capital social	200.000,00
Imobilizado	**275.000,00**	Reseva legal	55.000,00
Veículos	80.000,00	Lucros acumulados	150.000,00
Imóveis	120.000,00		
Máquinas e equip.	75.000,00		
Intangível	**100.000,00**		
Marcas e produtos	100.000,00		
Total do ativo	**560.000,00**	**Total do passivo**	**560.000,00**

Para que a totalização esteja correta, é preciso somar primeiramente cada subgrupo para depois totalizar os grupos.

Por exemplo, para encontrar o total do ativo, primeiro foi somado cada subgrupo do ativo circulante com o objetivo de totalizar o grupo do ativo circulante e depois foi somado cada subgrupo do ativo não circulante com o objetivo de totalizar o grupo do ativo não circulante. Ao final, somou-se o ativo circulante com o ativo não circulante para encontrar o valor do ativo total.

EXERCÍCIOS

1) O que você entende sobre o balanço patrimonial?
2) Qual é o critério para dispor as contas do ativo e do Passivo?
3) Como são divididos o ativo e o Passivo?
4) Pode-se dizer que o valor constante no patrimônio líquido pode ser utilizado para pagar as contas da empresa? Explique.
5) Existe patrimônio líquido negativo? Explique.
6) Observando as contas a seguir, elabore o Balanço Patrimonial.

CONTAS	VALOR
Fornecedores	32.000,00
Duplicatas a receber a longo prazo	27.400,00
Reserva legal	5.000,00
Investimentos na empresa ABC	10.000,00
Máquinas e equipamentos	4.000,00
Estoques	10.000,00
FGTS a pagar	8.000,00
Caixa	5.000,00
Depr. acum. máquinas e equipamentos	800,00
Veículos	8.000,00
Duplicatas a receber	25.000,00
Edifícios	10.000,00
Marcas e patentes	5.000,00
Reserva de lucros a realizar	12.000,00
Capital social	20.000,00
Depr. acum. veículos	1.600,00
Depr. acum. edifícios	2.000,00
Financiamentos a pagar	10.000,00
Reserva para contingência	3.000,00
Financiamento a pagar a longo prazo	10.000,00

Resolução do Exercício 6:

BALANÇO PATRIMONIAL

ATIVO		PASSIVO	
Ativo circulante	**40.000,00**	**Passivo circulante**	**50.000,00**
Disponível	**5.000,00**	Fornecedores	32.000,00
Caixa	5.000,00	FGTS a pagar	8.000,00
		Financiamentos a pagar	10.000,00
Créditos	**25.000,00**		
Duplicatas a receber	25.000,00		
Estoques	**10.000,00**		
Estoques	10.000,00		
Despesas antecipadas	**–**		
Ativo não circulante	**60.000,00**	**Passivo não circulante**	**10.000,00**
Realizável longo prazo	**27.400,00**	**Exigível a longo prazo**	**10.000,00**
Duplicatas a receber l. prazo	27.400,00	Financiamento a pagar l. prazo	10.000,00
Investimentos	**10.000,00**		
Investimentos empresa ABC	10.000,00	**Patrimônio líquido**	**40.000,00**
Imobilizado	**17.600,00**	Capital social	20.000,00
		Reseva legal	5.000,00
Máquinas e equip.	4.000,00	Reserva de lucros a realizar	12.000,00
Deprec. acum. maq. maq. equip.	(800,00)	Reserva para contingência	3.000,00
Veículos	8.000,00		
Deprec. acum. veículos	(1.600,00)		
Edifício	10.000,00		
Deprec. acum. edifícios	(2.000,00)		
Intangível	**5.000,00**		
Marcas e patentes	5.000,00		
Total do ativo	**100.000,00**	**Total do passivo**	**100.000,00**

CAPÍTULO 5

Demonstração do Resultado do Exercício (DRE)

Como visto no capítulo anterior, o Balanço Patrimonial é a demonstração contábil que tem como objetivo evidenciar as variações ocorridas no patrimônio das entidades, o qual é composto por bens e direitos, chamados de ativo, e por obrigações, chamadas de passivo.

No entanto, uma entidade (pessoa física ou jurídica) está a todo momento realizando transações com o objetivo de aumentar o seu patrimônio, isto é, transações com o objetivo de obter lucro.

Esse lucro somente é obtido se a empresa tiver sucesso nessas transações, caso contrário, terá prejuízo. Independente do resultado (lucro ou prejuízo), esses valores são evidenciados no grupo do patrimônio líquido pelo fato de pertencerem aos sócios ou proprietários da entidade.

Tratando-se de lucro, será evidenciado na conta Lucros acumulados, onde poderá ser revertido, parte ou totalmente, em uma conta de reserva ou distribuído para os sócios em forma de dividendos (no passivo circulante). Se for prejuízo, deverá ser evidenciado na conta prejuízos acumulados.

Perceba que é utilizada uma única conta para evidenciar o lucro e uma única conta para evidenciar o prejuízo, mas em nenhum momento é possível perceber como foram gerados tais lucros ou prejuízos, isto é, o que provocou um lucro ou um prejuízo para a empresa.

Qualquer que seja o usuário da contabilidade, torna-se necessária a elaboração de uma outra demonstração contábil que possa evidenciar como esses resultados foram gerados. Surge, assim, a Demonstração do Resultado do Exercício (DRE).

Saber a composição do resultado da empresa é tão importante quanto saber os elementos que compõem o seu patrimônio, pois ela somente terá sucesso caso gerencie de maneira eficiente o seu resultado, período a período.

Portanto, além de utilizar contas de ativo e passivo, passaremos a utilizar também contas de receitas, custos e despesas, as quais compõem o resultado das entidades. Se as receitas forem maiores que os custos e as despesas, obtém-se um lucro, caso contrário, ocorre um prejuízo.

Podemos, então, separar as contas em dois grandes grupos: patrimoniais (bens, direitos e obrigações) e de resultado (receitas, custos e despesas). São chamadas de patrimoniais por pertencerem ao Balanço Patrimonial, e de resultado por pertencerem à demonstração do Resultado do Exercício. Essas são as duas principais demonstrações contábeis e formam a base para todas as demais demonstrações.

A DRE é estruturada de forma dedutiva, ou seja, começa pelas receitas e subtraem-se os custos e as despesas. Mas, antes de mostrarmos como é essa estrutura, precisamos conceituar receitas, custos e despesas.

Receitas correspondem às vendas, isto é, à troca de mercadorias ou serviços por dinheiro ou outro tipo de ativo, ou então por uma redução de passivo. Também podem se originar de transações que não são referentes à atividade-fim da empresa, por exemplo, os juros recebidos, que são considerados uma receita financeira. São tipos de receitas as vendas de mercadorias, as receitas com serviços prestados, os juros recebidos e outras vendas de ativos que não sejam estoques.

Já os custos são todos os gastos necessários para se conseguir outros bens ou serviços, isto é, todos os gastos referentes à produção ou aqueles feitos para se adquirir um produto para ser revendido. São exemplos de custos, a matéria-prima, a mão de obra e o custo das mercadorias vendidas.

Se os gastos não se referirem à produção, são considerados uma despesa, isto é, são utilizados para se conseguir uma receita. São exemplos de despesas os gastos com água, energia elétrica, telefone, salários, entre outros, desde que não sejam utilizados na produção.

Isso quer dizer que um determinado gasto pode ser classificado como custo ou despesa, por exemplo, o gasto com energia elétrica. A parcela da energia elétrica gasta na produção, como a energia elétrica das máquinas, é considerada um custo, e aquela destinada à manutenção administrativa, como a energia elétrica da sala da secretária, é considerada uma despesa.

Se você parar para pensar, é exatamente esse tipo de controle que fazemos no nosso dia a dia. Além de manter o controle sobre o nosso patrimônio (bens, direitos e obrigações), o qual fazemos de tempos em tempos, diariamente estamos controlando nossas receitas (salários, aluguéis, juros de aplicações, etc.), custos (alimentação, transporte, etc.) e despesas (água, energia elétrica, finais de semana, etc.). Pode-se dizer que utilizamos em nosso cotidiano bem mais a Demonstração do Resultado do Exercício do que o Balanço Patrimonial. E há quem diga que nunca utilizou uma contabilidade.

Na DRE também é utilizado o regime de competência, isto é, quer a receita seja à vista ou a prazo, será contabilizada no momento do seu fator gerador, assim como os custos e despesas, sejam ou não pagos à vista, também serão contabilizados no momento em que ocorrerem.

Para manter a uniformidade entre as empresas, é preciso que a DRE seja elaborada seguindo o mesmo padrão, a mesma norma contábil. Recentemente, com a aprovação da Lei nº 11.941/2009, a estrutura da DRE ficou da seguinte forma:

(+) Receitas brutas
(–) Deduções das receitas
(=) Receita líquida
(–) Custos
(=) Resultado bruto
(–) Despesas operacionais

(=) Resultado antes dos impostos
(–) Provisão para contribuição social e imposto de renda
(=) Resultado antes das participações
(–) Participações em debêntures
(–) Participações de empregados, administradores e partes beneficiárias
(–) Participação em instituição, fundo de assistência à previdência de empregados
(=) Resultado líquido

A distinção desses diversos grupos torna-se necessária para um real entendimento sobre o que a empresa gerou de resultado com as suas atividades. A seguir, serão comentados um a um.

Receitas brutas: apresentam o montante do faturamento bruto da empresa, subdividindo ainda as receitas em vendas de mercadorias e serviços prestados. É uma informação importante para vários usuários, que a utilizam para verificar as oscilações das vendas entre os vários períodos ou em relação aos concorrentes. Essas receitas se referem exclusivamente à atividade-fim da empresa, isto é, para uma empresa de bebidas será a venda de bebidas, para uma empresa de sapatos será a venda de sapatos e assim por diante. Também é possível que uma empresa tenha tanto receita com venda de mercadorias quanto com serviços prestados, no caso de uma oficina mecânica que, por exemplo, além de vender o freio (mercadoria), também cobra pela mão de obra na sua colocação (serviço).

Deduções das receitas: são classificadas nesse grupo as devoluções de vendas, os abatimentos (ou descontos) e os impostos sobre as vendas (ICMS, IPI, ISS, PIS e Cofins). Todos esses elementos devem manter intrínseca relação com as receitas, isto é, caso as receitas inexistissem, eles também desapareceriam. Portanto, ainda seriam inclusas as comissões sobre vendas (desde que fixadas em porcentagem sobre vendas) e as provisões para devedores duvidosos (no caso da utilização para o cálculo da porcentagem sobre as vendas). O mais importante para a classificação nesse grupo é que a conta esteja "100%" relacionada com a receita, caso contrário, deverá ser classificada em outro grupo.

Receita líquida: é a diferença entre as receitas brutas e as deduções das receitas. É utilizada para saber qual foi realmente o montante faturado pela empresa, pois, se uma empresa fizer uma venda de R$ 1 milhão e posteriormente o cliente devolver toda a venda, a receita líquida será zero, pois teremos R$ 1 milhão no grupo das receitas brutas (venda de mercadoria) e R$ 1 milhão em deduções de receitas (devolução de venda). Nesse caso, se fosse utilizado o grupo das receitas brutas, o entendimento sobre o quanto a empresa vendeu ficaria distorcido.

Custos: para se obter as receitas, torna-se necessário incorrer em um custo. No caso de empresas comerciais, tem-se o custo das mercadorias vendidas (CMV), para as empresas industriais, o custo dos produtos vendidos (CPV) e, para as empresas prestadoras de serviço, o custo dos serviços prestados (CSP). Pode acontecer de a empresa ter dois ou mesmo os três tipos de custo, dependendo do tipo de atividade que exerça.

Resultado bruto (ou lucro bruto): é a diferença entre a receita líquida e o custo. Representa o ganho bruto da empresa com as receitas. Também é conhecido como lucro bruto, pois é difícil aparecer uma situação de prejuízo bruto, uma vez que a empresa teria que vender algo abaixo do seu custo.

Despesas operacionais: são incluídos todos os gastos relativos a bens ou serviços com o objetivo de se obter receitas. As normas contábeis não estabelecem como devem ser classificadas as despesas operacionais, ou seja, em despesas administrativas, comerciais, financeiras, etc., ou simplesmente em despesas fixas e variáveis. Ainda devem integrar esse grupo o resultado financeiro da empresa (receitas financeiras menos despesas financeiras) e o grupo outras receitas e despesas, no qual serão evidenciados, por exemplo, as receitas, custos e despesas não operacionais. Perceba que, mesmo se tratando de um grupo de despesas, também recebe contas de receitas, mas, essas, não se referem à atividade-fim da entidade. Portanto, pode acontecer de esse grupo ficar positivo se aparecerem receitas que superem as despesas.

Resultado antes dos impostos: esse item é obtido utilizando o resultado bruto menos (ou mais) as despesas operacionais. Assume um caráter fiscal, mostrando se a empresa possui recursos ou não para o pagamento do imposto de renda e da contribuição social. Lembre-se de que esses impostos se referem exclusivamente ao lucro, pois os impostos sobre receitas são classificados no grupo das deduções das receitas. É importante destacar que, na prática, esses tributos são calculados utilizando-se um livro extracontábil chamado Lalur (livro de apuração do lucro real), de acordo com as determinações do governo.

Provisão para contribuição social e imposto de renda: compõem esse grupo a provisão para a contribuição social sobre o lucro líquido (CSLL) e a Provisão para o imposto de renda das pessoas jurídicas (IRPJ). São chamados de provisão porque esses impostos nunca são pagos no momento de sua apuração, e sim até o último dia do mês subsequente. São considerados de maneira diferenciada dos impostos sobre vendas por não apresentarem intrínseca relação com as vendas. Uma empresa pode ter um faturamento de R$ 1 bilhão, sobre o qual incidiriam impostos como o ICMS, por exemplo, mas, se tiver mais despesas que receitas, pode ter um prejuízo, ficando livre do pagamento da contribuição social e do imposto de renda. Como foi dito anteriormente, em sua apuração é utilizado o Lalur e não uma porcentagem sobre as receitas.

Resultado antes das participações: é a diferença entre o resultado antes dos impostos e a provisão para contribuição social e imposto de renda. Representa o resultado utilizado como base para fazer as distribuições das participações no resultado.

Participações: as participações em debêntures, as participações de empregados, administradores e partes beneficiárias e a participação em instituição, fundo de assistência à previdência de empregados, representam as distribuições do resultado para aqueles que possuem direitos sobre ele. Existem empresas, por exemplo, em que os empregados recebem, além de seus salários, uma gratificação representada por uma porcentagem sobre o lucro que a empresa tiver. Com isso, todos os funcionários trabalhariam como se fossem "sócios" da empresa, pois, quanto maior o lucro, maior será sua gratificação.

Resultado Líquido: é a diferença entre o resultado antes das participações e as participações consideradas sobre o lucro. É a última linha da demonstração, representando o resultado final da empresa, líquido de impostos, incluindo tanto aspectos operacionais como não operacionais. Portanto, pode haver um lucro líquido ou um prejuízo líquido. Independente disso, esse resultado será sempre transportado para o patrimônio líquido.

Utilizando as contas que compõem os grupos comentados anteriormente, a estrutura da DRE ficaria assim:

(+) **Receitas brutas**
- Venda de mercadorias
- Serviços prestados

(–) **Deduções das receitas**
- Impostos sobre venda
- Devoluções de vendas
- Abatimentos (descontos) sobre venda

(=) **Receita líquida**

(–) **Custos**
- Custo das mercadorias vendidas (CMV)
- Custo dos produtos vendidos (CPV)
- Custo dos serviços prestados (CSP)

(=) **Resultado bruto**

(–) **Despesas operacionais**
- Despesas administrativas
- Despesas comerciais
- Despesas gerais, etc.
- Resultado financeiro
  - (+) Receitas financeiras
  - (–) Despesas financeiras
- Outras receitas e despesas

(=) **Resultado antes dos impostos**

(–) Provisão para contribuição social

(–) Provisão para imposto de renda
(=) **Resultado antes das participações**
(–) Participações em debêntures
(–) Participações de empregados, administradores e partes beneficiárias
(–) Participação em instituição, fundo de assistência à previdência de empregados
(=) **Resultado líquido**

Para efeito didático, se não existir informação em algum grupo da DRE, este poderá ficar oculto no momento da sua evidenciação. Por exemplo, caso não haja imposto de renda e contribuição social, nem qualquer tipo de participação sobre o resultado, em vez de se utilizar o grupo resultado antes dos impostos, podemos utilizar direto o resultado líquido.

Além das receitas, custos e despesas comentados acima, ainda é possível a empresa obter um ganho ou uma perda, os quais também farão parte da DRE.

Entende-se por ganho o montante que aumentará o patrimônio da entidade e, diferentemente das receitas, é obtido de forma esporádica, não esperada ou não pertencente à atividade-fim, como, por exemplo, quando se recebe um *royalty* (um pagamento, um bônus) para que a empresa de telefonia possa colocar sua antena na propriedade da empresa. Nesse caso, a empresa receberá esse valor sem qualquer esforço e deverá evidenciá-lo na DRE como uma receita não operacional no grupo outras receitas e despesas, dentro de despesas operacionais.

Já a perda representa uma diminuição no patrimônio da entidade, também provocada de forma esporádica, não esperada ou não pertencente à atividade-fim, diferentemente dos custos e despesas, por exemplo, quando um empregado entra na Justiça e ganha uma ação contra a empresa. Não é a atividade-fim da empresa ficar gerando reclamações trabalhistas e, com certeza, ela nunca pretenderia desembolsar esses valores, mas, por motivo de força maior, acabou acontecendo. As perdas são evidenciadas no mesmo local que os ganhos, mas ao invés de somar na DRE, essas serão diminuídas do resultado.

Como vimos, é muito importante a separação da Demonstração do Resultado em grupos, pois se pode realizar uma análise mais detalhada dos fatores que compuseram o resultado final da empresa. Uma empresa pode apresentar um resultado líquido positivo, mas "maquiado" por ganhos com itens extraordinários, por exemplo, pela venda de um ativo imobilizado ou por um recebimento de *royalty*.

Além disso, proporciona uma série de outras informações que podem ser relevantes aos vários usuários da contabilidade, como receita líquida para o pessoal de vendas, deduções para o tributário, resultado líquido para os investidores, entre outros.

Exercício Resolvido nº 1

Questão nº 4 do Exame de Suficiência – Edição Março/2011

Uma determinada sociedade empresária, em 31.12.2010, apresentou os seguintes saldos:

Caixa	R$ 6.500,00
Bancos conta movimento	R$ 14.000,00
Capital social	R$ 20.000,00
Custo das mercadorias vendidas	R$ 56.000,00
Depreciação acumulada	R$ 1.500,00
Despesas gerais	R$ 23.600,00
Fornecedores	R$ 9.300,00
Duplicatas a receber em 60 dias	R$ 20.900,00
Equipamentos	R$ 10.000,00
Reserva de lucros	R$ 3.000,00
Estoque de mercadorias	R$ 4.000,00
Receitas de vendas	R$ 97.700,00
Salários a pagar	R$ 3.500,00

Após a apuração do resultado do período e antes da sua destinação, o total do patrimônio líquido e o total do ativo circulante são, respectivamente:

a) R$ 37.100,00 e R$ 41.400,00.
b) R$ 37.100,00 e R$ 46.100,00.
c) R$ 41.100,00 e R$ 45.400,00.
d) R$ 41.100,00 e R$ 50.400,00.

Resposta:

A primeira coisa a fazer é montar as estruturas do Balanço Patrimonial e DRE com os principais grupos em branco para depois colocar cada conta em seu respectivo grupo:

BALANÇO PATRIMONIAL

ATIVO	PASSIVO
Ativo circulante	Passivo circulante
Disponível	
Créditos	
Estoques	Passivo não circulante
Despesas antecipadas	
Ativo não circulante	
Ativo realizável a longo prazo	Patrimônio líquido
Investimento	
Imobilizado	
Intangível	

DEMONSTRAÇÃO DO RESULTADO DO EXERCÍCIO

(+) Receitas brutas
(-) Deduções das receitas
(=) Receita líquida
(-) Custos
(=) Resultado bruto
(-) Despesas operacionais

(=) **Resultado antes dos impostos**
(-) Provisão para contribuição social
(-) Provisão para imposto de renda
(=) **Resultado antes das participações**
(-) Participações
(=) **Resultado líquido**

Agora, vamos classificar cada conta como sendo patrimonial ou de resultado e colocar o seu respectivo grupo onde é evidenciada:

Caixa	Patrimonial – AC – Disponível
Bancos conta movimento	Patrimonial – AC – Disponível
Capital social	Patrimonial – PL
Custo das mercadorias vendidas	Resultado – Custos
Depreciação acumulada	Patrimonial – AÑC – Imobilizado
Despesas gerais	Resultado – Despesas operacionais
Fornecedores	Patrimonial – PC
Duplicatas a receber em 60 dias	Patrimonial – AC – Créditos
Equipamentos	Patrimonial – AÑC – Imobilizado
Reserva de lucros	Patrimonial – PL
Estoque de mercadorias	Patrimonial – AC – Estoques
Receitas de vendas	Resultado – Receitas brutas
Salários a pagar	Patrimonial – PC

O próximo passo é montar o Balanço Patrimonial e a DRE considerando cada uma dessas classificações, lembrando que primeiramente é preciso finalizar a DRE e transportar o resultado (lucro ou prejuízo) para o patrimônio líquido no Balanço Patrimonial.

Outra observação importante é que dentre as contas temos a depreciação que, apesar de ser classificada como um ativo, ela é uma conta redutora, ou seja, ficará negativa no Balanço Patrimonial.

BALANÇO PATRIMONIAL (EM R$)

ATIVO		PASSIVO	
Ativo circulante	**45.400,00**	**Passivo circulante**	**12.800,00**
Disponível	**20.500,00**	Fornecedores	9.300,00
Caixa	6.500,00	Salários a pagar	3.500,00
Bancos	14.000,00		
Créditos	**20.900,00**		
Duplicatas a receber em 60 dias	20.900,00		
Estoques	**4.000,00**		
Estoques de mercadorias	4.000,00		
Despesas antecipadas	–		
Ativo não circulante	**8.500,00**	**Passivo não circulante**	–
Realizável longo prazo	–	**Exigível a longo prazo**	–
Investimentos	–	**Patrimônio líquido**	**41.100,00**
		Capital social	20.000,00
Imobilizado	**8.500,00**	Reserva de lucros	21.100,00
Equipamentos	10.000,00		
Depreciação acumulada	(1.500,00)		
Intangível	–		
Total do ativo	**53.900,00**	**Total do passivo**	**53.900,00**

DEMONSTRAÇÃO DO RESULTADO DO EXERCÍCIO

(+) **Receitas Brutas**	R$ 97.700,00
Receitas de Vendas	R$ 97.700,00
(-) **Deduções**	–
(=) **Receitas Líquidas**	**R$ 97.700,00**
(-) **Custos**	**R$ (56.000,00)**
Custo Mercadorias Vendidas	R$ (56.000,00)
(=) **Lucro Bruto**	**R$ 41.700,00**
(-) **Despesas Operacionais**	**R$ (23.600,00)**
Despesas Gerais	R$ (23.600,00)
(=) **Lucro antes dos impostos**	**R$ 18.100,00**
(-) Provisão p/ CSLL	–
(-) Provisão p/ IRPJ	–

(=) Antes das participações	**R$ 18.100,00**
(-) Participações	–
(=) Resultado líquido	**R$ 18.100,00**

Perceba que a conta reserva de lucros no patrimônio líquido possui um saldo de R$ 21.100,00, resultado dos R$ 3.000,00 iniciais mais os R$ 18.100,00 que foram transportados do lucro do período.

Esse lucro de R$ 18.100,00 também poderia ser transportado para a conta de lucros acumulados, caso a empresa não seja uma sociedade anônima.

Respondendo às questões, a alternativa correta é a "C", pois o patrimônio líquido foi de R$ 41.100,00 e o ativo circulante foi de R$ 45.400,00, respectivamente.

Exercício Resolvido nº 2

Questão nº 12 do Exame de Suficiência – Edição Março/2011

De acordo com os dados abaixo e sabendo-se que o estoque final de mercadorias totaliza R$ 350.000,00, em 31/12/2010, o resultado líquido é de:

Contas	**Valor**
Caixa	R$ 80.000,00
Capital social	R$ 50.000,00
Compras de mercadorias	R$800.000,00
Depreciação acumulada	R$ 65.000,00
Despesas com juros	R$110.000,00
Despesas gerais	R$150.000,00
Duplicatas a pagar	R$355.000,00
Duplicatas a receber	R$140.000,00
Estoque inicial de mercadorias	R$200.000,00
Móveis e utensílios	R$ 70.000,00
Receita com juros	R$ 80.000,00
Receitas com vendas	R$1.000.000,00

a) R$ 170.000,00.
b) R$ 240.000,00.
c) R$ 350.000,00.
d) R$ 390.000,00.

Da mesma forma como foi resolvida a questão anterior, é preciso classificar cada conta como patrimonial ou de resultado e colocar o seu respectivo grupo onde é evidenciada:

Caixa	Patrimonial – AC – Disponível
Capital social	Patrimonial – PL
Compras de mercadorias	Resultado – Custos
Depreciação acumulada	Patrimonial – AÑC – imobilizado
Despesas com juros	Resultado – Despesas operacionais
Despesas gerais	Resultado – Despesas operacionais
Duplicatas a pagar	Patrimonial – PC
Duplicatas a receber	Patrimonial – AC – Créditos
Estoque inicial de mercadorias	Resultado – Custos
Móveis e utensílios	Patrimonial – AÑC – Imobilizado
Receita com juros	Resultado – Despesas operacionais
Receita com vendas	Resultado – Receitas brutas

O próximo passo é montar o Balanço Patrimonial e a DRE considerando cada uma dessas classificações, lembrando que primeiramente é preciso finalizar a DRE e transportar o resultado (lucro ou prejuízo) para o patrimônio líquido no Balanço Patrimonial.

Além da depreciação que apesar de ser classificada como um ativo é uma conta redutora, ou seja, ficará negativa no Balanço Patrimonial, outra observação é que as despesas com juros e a receita com juros são classificadas no grupo das despesas operacionais na DRE, no subgrupo do resultado financeiro. As despesas com juros ficarão negativas e a receita com juros ficará positiva.

Nessa questão também não foi dado o CMV – custo das mercadorias vendidas onde, portanto, deverão ser utilizadas as contas do estoque inicial, compras e estoque final para a sua apuração. Esse último, foi dado no enunciado da questão e servirá tanto para encontrar o valor do CMV quanto para determinar o valor dos estoques que será evidenciado no Balanço Patrimonial.

BALANÇO PATRIMONIAL (EM R$)

ATIVO		PASSIVO	
Ativo circulante	**570.000,00**	**Passivo circulante**	**355.000,00**
Disponível	**80.000,00**	Duplicatas a pagar	355.000,00
Caixa	80.000,00		
Créditos	**140.000,00**		
Duplicatas a receber	140.000,00		
Estoques	**350.000,00**		
Estoques de mercadorias	350.000,00		
Despesas antecipadas	–		
Ativo não circulante	**5.000,00**	**Passivo não circulante**	–
Realizável longo prazo	–	**Exigível a longo prazo**	–
Investimentos	–	**Patrimônio líquido**	**220.000,00**
		Capital social	50.000,00
Imobilizado	**5.000,00**	Reserva de lucros	170.000,00
Móveis e utensílios	70.000,00		
Depreciação acumulada	(65.000,00)		
Intangível	–		
Total do ativo	**575.000,00**	**Total do passivo**	**575.000,00**

DEMONSTRAÇÃO DO RESULTADO DO EXERCÍCIO (EM R$)

(+) Receitas brutas	**R$1.000.000,00**
Receitas de vendas	R$1.000.000,00
(-) Deduções	–
(=) Receitas líquidas	R$1.000.000,00
(-) Custos	**R$(650.000,00)**
Estoque inicial	R$(200.000,00)
Compras de mercadorias	R$(800.000,00)
Estoque final	R$350.000,00

(=) Lucro bruto	**R$ 350.000,00**
(-) Despesas operacionais	**R$ (180.000,00)**
Despesas gerais	R$ (150.000,00)
Resultado financeiro	**R$ (30.000,00)**
Despesas com juros	R$ (110.000,00)
Receita com juros	R$ 80.000,00
(=) Lucro antes dos impostos	**R$ 170.000,00**
(-) Provisão p/ CSLL	–
(-) Provisão p/ IRPJ	–
(=) Antes das participações	**R$ 170.000,00**
(-) Participações	–
(=) Resultado líquido	**R$ 170.000,00**

Perceba que o grupo das despesas operacionais na DRE foi de R$ 180.000,00, resultado da soma das despesas gerais mais o subgrupo do resultado financeiro. Esse último, atingiu o montante de R$ 30.000,00 negativo, pois a receita com juros de R$ 80.000,00 foi somada e as despesas com juros de R$ 110.000,00 foram subtraídas.

O resultado líquido de R$ 170.000,00 foi transportado para o patrimônio líquido no Balanço Patrimonial, e é também a resposta da questão onde deve ser assinalada a alternativa "A".

EXERCÍCIOS

1) Qual a principal diferença entre Balanço Patrimonial e Demonstração do Resultado do Exercício?
2) Por que é importante que a DRE seja estruturada em diversos grupos?
3) Uma empresa pode ter que pagar ICMS, mas ficar dispensada do Imposto de Renda? Explique.

4) Qual a diferença entre ganhos e perdas em relação às Receitas, Custos e Despesas?

5) Elabore o Balanço Patrimonial e a DRE, para os três casos a seguir:

5.1)

Caixa	R$	1.000,00
Duplicatas a Pagar	R$	15.000,00
Instalações	R$	8.000,00
Capital Social	R$	20.000,00
Receita com Vendas	R$	35.000,00
Despesas Gerais	R$	10.000,00
Custos de Mercadorias Vendidas	R$	11.500,00
Veículos	R$	8.000,00
Bancos	R$	4.000,00
Duplicatas a Receber	R$	12.000,00
INSS a Recolher	R$	1.700,00
Lucros Acumulados	R$	3.000,00
ICMS sobre Vendas	R$	7.200,00
Receita Não Operacional	R$	1.000,00
Mercadorias	R$	12.500,00
Duplicatas a Receber a Longo Prazo	R$	1.500,00

5.2)

Receitas Brutas	R$	3.000,00
Terrenos	R$	1.800,00
Custo das Mercadorias Vendidas	R$	1.600,00
Capital Social	R$	1.500,00
Contas a Receber	R$	1.000,00
Financiamento a Longo Prazo	R$	1.000,00
Financiamento a Curto Prazo	R$	825,00
Estoques	R$	770,00
Caixa	R$	700,00
Despesas Financeiras	R$	375,00
Impostos a Pagar	R$	365,00
Despesas Administrativas	R$	340,00
Contas a Pagar	R$	340,00
Despesas com Vendas	R$	325,00
Ações de outras companhias	R$	200,00
Fornecedores	R$	180,00
Móveis e Utensílios	R$	100,00

5.3)

Salários a Pagar	R$	1.500,00
Caixa	R$	500,00

Lucros Acumulados	R$	3.000,00
Mercadorias	R$	4.000,00
Duplicatas a Pagar	R$	5.000,00
Equipamentos	R$	6.000,00
Duplicatas a Receber	R$	8.000,00
Bancos	R$	12.000,00
Capital Social	R$	20.000,00
Despesas Gerais	R$	22.000,00
Custo das Mercadorias Vendidas	R$	68.000,00
Receitas de Vendas	R$	91.000,00

6) A contabilidade de uma empresa acusava no dia 31/1/2009 os seguintes saldos:

Duplicatas a Pagar	R$	66.175,00
Mercadorias	R$	60.675,00
Receita com Vendas	R$	53.000,00
Duplicatas a Receber	R$	40.000,00
Capital Social	R$	30.500,00
Custo das Mercadorias Vendidas	R$	22.000,00
ICMS sobre Vendas	R$	8.500,00
Despesas de Juros	R$	6.000,00
Despesas com Salários	R$	5.000,00
Imóveis	R$	5.000,00
Prejuízos Acumulados	R$	5.000,00
Receitas de Descontos	R$	3.825,00
Devolução de Vendas	R$	3.000,00
ICMS a Recolher	R$	2.500,00
Salários a Pagar	R$	2.000,00
Cofins sobre Vendas	R$	1.500,00
Despesas de Descontos	R$	1.000,00
PIS sobre Vendas	R$	325,00

Pede-se: elabore o Balanço Patrimonial e a DRE.

Resolução do exercício nº 5.1

BALANÇO PATRIMONIAL (EM R$)

ATIVO		PASSIVO	
Ativo circulante	**29.500,00**	**Passivo circulante**	**16.700,00**
Disponível	**5.000,00**	Duplicatas a pagar	15.000,00
Caixa	1.000,00	INSS a recolher	1.700,00
Bancos	4.000,00		
Créditos	**12.000,00**		
Duplicatas a receber	12.000,00		
Estoques	**12.500,00**		
Mercadorias	12.500,00		
Despesas antecipadas	–		
Ativo não circulante	**17.500,00**	**Passivo não circulante**	–
Realizável longo prazo	**1.500,00**	**Exigível a longo prazo**	–
Duplicatas a receber l. prazo	1.500,00		
Investimentos	–	**Patrimônio líquido**	**30.300,00**
		Capital social	20.000,00
Imobilizado	**16.000,00**	Reserva de lucros	10.300,00
Instalações	8.000,00		
Veículos	8.000,00		
Intangível	–		
Total do ativo	**47.000,00**	**Total do passivo**	**47.000,00**

DEMONSTRAÇÃO DO RESULTADO DO EXERCÍCIO

(+) **Receitas brutas**	R$ 35.000,00
Receitas de vendas	R$ 35.000,00
(-) Deduções	R$ (7.200,00)
ICMS sobre vendas	R$ (7.200,00)
(=) Receitas líquidas	R$ 27.800,00
(-) Custos	R$ (11.500,00)
Custos mercadorias vendidas	R$ (11.500,00)
(=) Lucro bruto	R$ 16.300,00
(-) Despesas operacionais	R$ (9.000,00)
Despesas gerais	R$ (10.000,00)

Resultado financeiro		–
Outras receitas e despesas	**R$**	**1.000,00**
Receita não operacional	R$	1.000,00
(=) Lucro antes dos impostos	**R$**	**7.300,00**
(-) Provisão p/ CSLL		–
(-) Provisão p/ IRPJ		–
(=) Antes das participações	**R$**	**7.300,00**
(-) Participações		–
(=) Resultado líquido	**R$**	**7.300,00**

Resolução do exercício nº 5.2

BALANÇO PATRIMONIAL (EM R$)

ATIVO		PASSIVO	
Ativo circulante	**2.470,00**	**Passivo circulante**	**1.710,00**
Disponível	**700,00**	Financiamento a Curto Prazo	825,00
Caixa	700,00	Impostos a Pagar	365,00
Créditos	**1.000,00**	Contas a Pagar	340,00
Duplicatas a receber	1.000,00	Fornecedores	180,00
Estoques	**770,00**		
Estoques	770,00		
Despesas antecipadas	–		
Ativo não circulante	**2.100,00**	**Passivo não circulante**	**1.000,00**
Realizável longo prazo	–	**Exigível a longo prazo**	**1.000,00**
		Financiamentos a longo prazo	1.000,00
Investimentos	**200,00**	**Patrimônio líquido**	**1.860,00**
Ações de outras cias.	200,00		
		Capital social	1.500,00
Imobilizado	**1.900,00**	Lucros acumulados	360,00
Terrenos	1.800,00		
Móveis e utensílios	100,00		
Intangível	–		
Total do ativo	**4.570,00**	**Total do passivo**	**4.570,00**

DEMONSTRAÇÃO DO RESULTADO DO EXERCÍCIO	
(+) Receitas brutas	**R$ 3.000,00**
Receitas de vendas	R$ 3.000,00
(-) Deduções	-
(=) Receitas líquidas	**R$ 3.000,00**
(-) Custos	**R$ (1.600,00)**
Custos mercadorias vendidas	R$ (1.600,00)
(=) Lucro bruto	**R$ 1.400,00**
(-) Despesas operacionais	**R$ (1.040,00)**
Despesas administrativas	R$ (340,00)
Despesas com vendas	R$ (325,00)
Resultado financeiro	**R$ (375,00)**
Despesas financeiras	R$ (375,00)
Outras Receitas e despesas	-
(=) Lucro antes dos impostos	**R$ 360,00**
(-) Provisão p/ CSLL	-
(-) Provisão p/ IRPJ	-
(=) Antes das participações	**R$ 360,00**
(-) Participações	-
(=) Lucro líquido	**R$ 360,00**

Resolução do exercício nº 5.3

BALANÇO PATRIMONIAL (EM R$)

ATIVO		PASSIVO	
Ativo circulante	**24.500,00**	**Passivo circulante**	**6.500,00**
Disponível	**12.500,00**	Salários a pagar	1.500,00
Caixa	500,00	Duplicatas a pagar	5.000,00
Bancos	12.000,00		
Créditos	**8.000,00**		
Duplicatas a receber	8.000,00		
Estoques	**4.000,00**		
Mercadorias	4.000,00		
Despesas antecipadas	–		
Ativo não circulante	**6.000,00**	**Passivo não circulante**	–
Realizável longo prazo	–	**Exigível a longo prazo**	–
Investimentos	–	**Patrimônio líquido**	**24.000,00**
		Capital social	20.000,00
Imobilizado	**6.000,00**	Lucros acumulados	4.000,00
Equipamentos	6.000,00		
Intangível	–		
Total do ativo	**30.500,00**	**Total do passivo**	**30.500,00**

DEMONSTRAÇÃO DO RESULTADO DO EXERCÍCIO

(+) Receitas brutas	**R$ 91.000,00**
Receitas de vendas	R$ 91.000,00
(-) Deduções	–
(=) Receitas líquidas	**R$ 91.000,00**
(-) Custos	**R$ (68.000,00)**
Custos mercadorias vendidas	R$ (68.000,00)
(=) Lucro bruto	**R$ 23.000,00**
(-) Despesas operacionais	**R$ (22.000,00)**
Despesas gerais	R$ (22.000,00)
Resultado financeiro	–
Outras receitas e despesas	–

(=) Lucro antes dos impostos	**R$**	**1.000,00**
(-) Provisão p/ CSLL		-
(-) Provisão p/ IRPJ		-
(=) Antes das participações	**R$**	**1.000,00**
(-) Participações		-
(=) Lucro líquido	**R$**	**1.000,00**

Exercício Resolvido nº 6

BALANÇO PATRIMONIAL (EM R$)

ATIVO		PASSIVO	
Ativo circulante	100.675,00	Passivo circulante	70.675,00
Disponível	–	Duplicatas a pagar	66.175,00
		ICMS a recolher	2.500,00
		Salários a pagar	2.000,00
Créditos	40.000,00		
Duplicatas a receber	40.000,00		
Estoques	60.675,00		
Mercadorias	60.675,00		
Despesas antecipadas	–		
Ativo não circulante	5.000,00	Passivo não circulante	–
Realizável longo prazo	–	Exigível a longo prazo	–
Investimentos	–	Patrimônio líquido	35.000,00
		Capital social	30.500,00
Imobilizado	5.000,00	Lucros acumulados	9.500,00
Imóveis	5.000,00	Prejuízos acumulados	(5.000,00)
Intangível	–		
Total do ativo	105.675,00	Total do passivo	105.675,00

DEMONSTRAÇÃO DO RESULTADO DO EXERCÍCIO

(+) Receitas brutas	**R$**	**53.000,00**
Receitas de vendas	R$	53.000,00
(-) Deduções	**R$**	**(13.325,00)**
ICMS sobre vendas	R$	(8.500,00)

Devolução de vendas	R$	(3.000,00)
Cofins sobre vendas	R$	(1.500,00)
PIS sobre vendas	R$	(325,00)
(=) Receitas líquidas	**R$**	**39.675,00**
(-) Custos	**R$**	**(22.000,00)**
Custos mercadorias vendidas	R$	(22.000,00)
(=) Lucro bruto	**R$**	**17.675,00**
(-) Despesas operacionais	**R$**	**(8.175,00)**
Despesas com salários	R$	(5.000,00)
Resultado financeiro	**R$**	**(3.175,00)**
Despesas de juros	R$	(6.000,00)
Receitas de descontos	R$	3.825,00
Despesas de descontos	R$	(1.000,00)
Outras Receitas e despesas	–	
(=) Lucro antes dos impostos	**R$**	**9.500,00**
(-) Provisão p/ CSLL	–	
(-) Provisão p/ IRPJ	–	
(=) Antes das participações	**R$**	**9.500,00**
(-) Participações	–	
(=) Lucro líquido	**R$**	**9.500,00**

CAPÍTULO 6

Demonstração das Mutações do Patrimônio Líquido (DMPL)

O fato de a riqueza dos sócios estar evidenciada no patrimônio líquido torna pertinente a elaboração de uma demonstração contábil que permita o acompanhamento das movimentações realizadas nesse grupo.

O artigo 176 da Lei nº 11.638/2007 determina a obrigatoriedade da elaboração da Demonstração dos lucros ou prejuízos acumulados (DLPA), que evidencia as variações ocorridas na conta lucros ou prejuízos acumulados. Porém, quando estabelece os componentes do patrimônio líquido no artigo 178 (item d), não descreve a existência da conta lucros acumulados, somente aparecendo a conta prejuízos acumulados. Por isso, a DLPA pode ser substituída pela Demonstração das Mutações do Patrimônio Líquido (DMPL).

Na verdade, a DLPA é parte da DMPL, pois esta última tem como objetivo evidenciar as transformações em todas as contas do patrimônio líquido ocorridas entre dois períodos. Como lucros ou prejuízos acumulados se referem ao patrimônio líquido, estão incorporados pela DMPL.

Diferentemente do Balanço Patrimonial e da DRE, na DMPL, antes mesmo de começar a ser elaborada, já se sabe qual será o seu resultado, pois basta verificar a diferença entre os valores do patrimônio líquido dos períodos para os quais está sendo realizada.

Portanto, é uma demonstração "que não tem emoção" comparada com o Balanço Patrimonial, em que na maioria dos estudantes dá aquele "friozinho" na barriga quando se está terminando de somar as contas do passivo para verificar se bate com o total do ativo. Caso dê alguma diferença na DMPL, basta conferir as transações do Patrimônio Líquido e verificar se alguma conta não foi computada ou se algum saldo foi colocado de forma invertida (somada ou subtraída) na demonstração.

A seguir demonstraremos a estrutura dessas duas demonstrações contábeis, de modo a tornar nítida que a utilização da DMPL suprime as informações que seriam evidenciadas pela DLPA.

DEMONSTRAÇÃO DOS LUCROS OU PREJUÍZOS ACUMULADOS
Mutação Indústria e Comércio S. A.
(em mil reais)

Saldo Inicial em 31/12/2011	
(+/–) Ajustes de exercícios anteriores	
Reversão de Reservas	
Lucro Líquido do exercício em 2012	
Saldo Disponível	
Destinação do Lucro	
Reserva de Capital	
Reserva de Lucros	
Distribuição de Dividendos	
Saldo Final em 31/12/2012	

DEMONSTRAÇÃO DAS MUTAÇÕES DO PATRIMÔNIO LÍQUIDO

Mutação Indústria e Comércio S. A.

Movimentações	Capital Social	Reservas de Capital	Reservas de Lucros				Ajustes de Avaliação Patrimonial	Prejuízos Acumulados	Total
			Legal	Estatutária	Contingência	Lucros Acumulados			

Perceba que a DLPA é elaborada de maneira vertical. Começa pelo saldo inicial da conta lucros ou prejuízos acumulados, depois apresenta todas as contas que poderiam modificar o seu saldo, e termina com o saldo final. Ela é importante para complementar as informações do Balanço Patrimonial e da Demonstração do Resultado do Exercício, mas, analisando a DMPL, percebe-se que, nela, as informações contidas na DLPA também podem ser perfeitamente verificadas.

A DMPL é elaborada de forma horizontal, e, para cada movimentação que afete o patrimônio líquido, os valores são registrados nas suas respectivas contas. Somando as contas na horizontal, apurar-se-á um saldo que será o mesmo da soma total das contas na vertical.

Para exemplificar, apresentamos a seguir uma DMPL contendo valores:

Movimentações	Capital Social	Reserva de Capital	Reserva Legal	Reserva Conting.	Lucros Acumulados	Total
Saldo inicial 31/12/2011	62.300.000	595.000	1.400.000	105.000	5.600.000	70.000.000
Capitalização	2.803.500					2.803.500
Reversão 30% da Reserva de Contingência				(31.500)	31.500	
Reserva Legal 5% do Lucro Líquido			445.074		(445.074)	
Distrib. Dividendos 30% Lucro Ajustado					(2.546.374)	(2.546.374)
Lucro Líquido em 31/1/2012					8.901.486	8.901.486
Saldo em 31/1/2012	65.103.500	595.000	1.845.074	73.500	11.541.538	79.158.612

Perceba que o objetivo da DMPL é evidenciar a variação do patrimônio líquido, nesse caso, de R$ 70.000.000,00 (em 31/12/2011) para R$ 79.158.612,00 (em 31/1/2012). Nesse exemplo, aconteceram cinco situações que provocaram alterações nas contas do patrimônio líquido.

Na primeira, ocorreu um aumento de capital (capitalização) no valor de R$ 2.803.500,00, afetando no patrimônio líquido somente a conta capital social.

Na segunda, houve uma reversão da reserva de contingência no valor de R$ 31.500,00, isto é, a empresa havia reservado parte do seu lucro em períodos anteriores e, agora, resolveu utilizar parte dessa reserva. Dessa forma, tirou-se o valor da conta reserva de contingência e colocou-se na conta retenção de lucros.

A terceira situação é o oposto da anterior, e a empresa reserva parte do seu lucro em reserva legal (R$ 445.074,00), tirando o respectivo valor da conta lucros acumulados e colocando em reserva legal.

Logo depois, tem-se uma distribuição de dividendos no valor de R$ 2.546.374,00, afetando no patrimônio líquido somente a conta retenção de lucros, com o valor sendo subtraído e colocado em uma conta passivo circulante denominada dividendos propostos ou dividendos a pagar.

A última situação apresenta o lucro líquido do exercício no valor de R$ 8.901.486,00, que afeta no patrimônio líquido apenas a conta lucros acumulados, em que o valor é somado.

Se fizer as contas, verá que chegaremos aos R$ 79.158.612,00 quando somarmos o total das contas tanto na vertical como na horizontal.

Além disso, se trocarmos o nome da conta lucros acumulados para lucros ou prejuízos acumulados, veremos que essa penúltima coluna da DMPL é, na verdade, a DLPA.

A Lei nº 11.638/2007 determinou que a conta lucros acumulados não deve apresentar saldo, por isso, a DMPL passou a ser uma opção melhor do que a DLPA. Mesmo antes da adoção dessa lei, já era de praxe adotar a DMPL, exatamente por se tratar de uma demonstração mais completa que a DLPA, e também pelo fato de a DLPA estar incorporada à DMPL.

EXERCÍCIOS

1) Qual o objetivo da Demonstração dos Lucros ou Prejuízos Acumulados (DLPA)?
2) Qual o objetivo da Demonstração das Mutações do Patrimônio Líquido (DMPL)?
3) Entre a DLPA e a DMPL, qual você escolheria? Explique.
4) Comente a estrutura da DLPA e da DMPL.

5) Questão nº 5 do Exame de Suficiência – Edição Março/2011.

A movimentação ocorrida nas contas de Reservas de Lucros em um determinado período é evidenciada na seguinte demonstração contábil:

a) Balanço Patrimonial

b) Demonstração das Mutações do Patrimônio Líquido

c) Demonstração dos Fluxos de Caixa

d) Demonstração dos Lucros ou Prejuízos Acumulados

Resolução:

A resposta correta é a "B", pois a Demonstração das Mutações do Patrimônio Líquido (DMPL) é a responsável em demonstrar as movimentações das contas do patrimônio líquido, grupo no qual é classificada a conta reservas de lucros.

capítulo 7

Demonstração dos Fluxos de Caixa (DFC)

A Demonstração dos Fluxos de Caixa (DFC) tornou-se obrigatória com a Lei no 11.638/2007, substituindo a antiga Demonstração das Origens e Aplicações de Recursos (Doar). Mesmo antes da publicação dessa lei, a grande maioria das empresas já elaborava a DFC, ainda que de forma facultativa, em razão da importância que ela assume tanto para os usuários internos quanto externos.

Porém, as sociedades anônimas de capital fechado com patrimônio líquido reduzido (inferior a R$ 2.000.000,00 na data do balanço) e as sociedades limitadas de pequeno e médio porte (as que possuem ativo total igual ou inferior a R$ 240.000.000,00 ou receita bruta anual igual ou inferior a R$ 300.000.000,00) pela nova lei, estão dispensadas de apresentar a DFC.

O objetivo da DFC é evidenciar as variações ocorridas no grupo do disponível em determinado período de tempo. Observe que, apesar do nome fluxos de caixa, farão parte dessa demonstração todas as contas do grupo do disponível, isto é, caixa, bancos e aplicações de liquidez imediata (a caderneta de poupança, por exemplo).

O conceito trabalhado na DFC é o mesmo da DRE, com a diferença de que na DFC é utilizado o regime de caixa, ou seja, evidenciará o que realmente entrou e o que saiu de recursos no disponível das empresas, diferentemente da DRE, que é elaborada por regime de competência, na qual, independentemente do recebimento das receitas ou do pagamento dos custos e despesas, registram-se os fatos quando ocorrem, ou melhor, no momento do seu fato gerador.

O conceito de caixa é o que trabalhamos em nosso dia a dia. Todas as pessoas fazem um fluxo de caixa para a sua vida pessoal, utilizando um caderno, agendas, planilhas eletrônicas, fazendo-o de cabeça mesmo, mas, de qualquer forma, não conseguem passar o mês sem saber quanto recebem, quanto gastam e se sobrou ou faltou dinheiro.

Serão indicados na DFC todos os recebimentos, ou entradas, e pagamentos, ou saídas, de caixa (ou disponível). Quando uma operação representar uma entrada de caixa, será somada na demonstração, e, quando representar uma saída, será subtraída.

Como exemplos de entradas de caixa, podemos citar as vendas à vista, os recebimentos de duplicatas, os juros recebidos, os aportes de capital, etc. Como saídas de caixa, encontramos os pagamentos à vista de fornecedores, os pagamentos à vista de contas diversas, os juros pagos, os dividendos distribuídos, as aquisições de imobilizado, etc. Algumas transações não afetam o caixa, como a depreciação, a amortização, a exaustão, a provisão de férias, a provisão de 13º salário, entre outros.

Pela necessidade de uniformidade das informações, é preciso seguir algumas normas para a elaboração da DFC de forma estruturada e ordenada. A norma contábil que estabelece os procedimentos para a elaboração da DFC é o Pronunciamento Técnico CPC 03 – Demonstração dos Fluxos de Caixa.

De acordo com esse pronunciamento, a DFC é estruturada em três atividades:

Atividades operacionais: representam o montante de recursos que a empresa gerou através de sua atividade-fim. Quanto maior for esse valor, mais valiosa vai ser a empresa, pois maior será a sua capacidade de "fazer dinheiro". Basicamente, farão parte dessas atividades os elementos relacionados com a DRE, isto é, que se referirem às receitas, custos e despesas. Além da DRE, também é preciso considerar as contas a receber (relacionadas com as vendas a prazo), os estoques (relacionados com os custos), os fornecedores (relacionados com as compras a prazo) e as contas a pagar (relacionadas com as despesas). Para essas atividades, são exemplos de entradas as vendas à vista, recebimento de clientes e recebimento de juros, e, de saídas, o pagamento de fornecedores, pagamento de impostos e pagamento de despesas diversas.

Atividades de investimento: representam o quanto a empresa investiu em razão do excedente de recursos no disponível, ou seja, quando sobra dinheiro, a empresa empresta ou investe na compra de investimentos permanentes, imobilizado ou ativos intangíveis. Se representarem uma aquisição, sairá dinheiro na DFC, e, quando representarem uma venda desses ativos, entrará dinheiro na DFC. Portanto, farão parte dessas atividades os elementos que estiverem relacionados com o ativo não circulante (realizável a longo prazo, investimentos, imobilizado e intangível). Para essas atividades, são exemplos de entradas as vendas de investimentos, vendas de imobilizado e recebimento de empréstimos, e, de saídas, a aquisição de investimentos, aquisição de imobilizado e desembolsos para empréstimos.

Atividades de financiamento: representam o quanto de recursos a empresa pegou emprestado de terceiros ou dos sócios. Referem-se ao montante captado pela empresa de forma financiada, isto é, que terá de ser remunerada e representará uma despesa para a empresa. Assim, fazem parte dessas atividades os elementos relacionados com o exigível a longo prazo, o patrimônio líquido e os financiamentos e empréstimos de curto prazo, localizados no passivo circulante. Para essas atividades, são exemplos de entradas os aumentos de capital, as emissões de novas ações e os empréstimos e financiamentos tomados, e, de saídas, os pagamentos de dividendos, as recompras de ações da empresa e os pagamentos de empréstimos e financiamentos.

O resultado da soma dessas três atividades será exatamente a variação do disponível entre os períodos que a DFC abrange. Isso quer dizer que, assim como na DMPL, na DFC também é possível saber o seu resultado antes mesmo de começar a fazê-la, basta verificar a diferença entre os grupos do disponíveis dos períodos utilizados para elaborar a DFC.

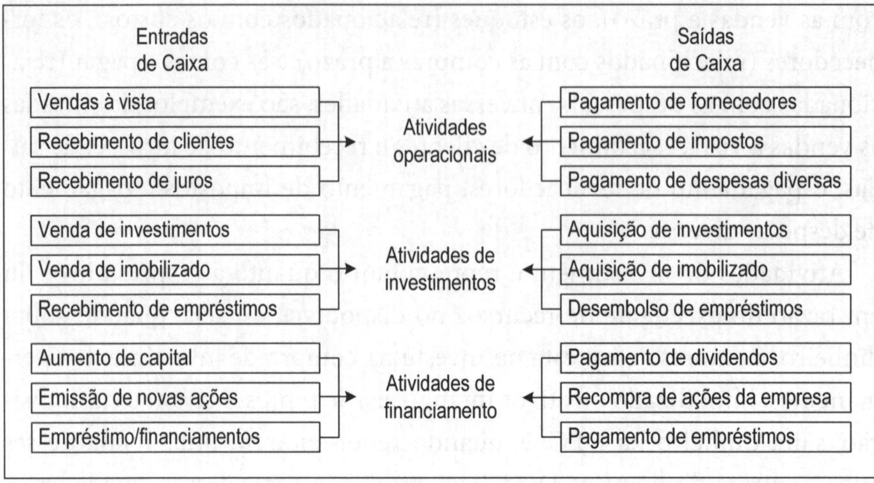

Para a elaboração da DFC são permitidos dois métodos: o direto e o indireto. A diferença entre eles está nas atividades operacionais: no método direto elas são elaboradas utilizando os reais recebimentos de clientes, pagamentos de fornecedores e pagamentos de despesas, ao passo que, no método indireto, inicia-se pelo lucro líquido, onde são feitos os ajustes das contas que não afetam o disponível, e, em seguida, são consideradas as variações das contas relacionadas com a DRE. Se representarem uma coisa boa para o caixa, isto é, se apresentarem uma possibilidade de recebimento de dinheiro ou um adiamento do pagamento de uma determinada obrigação, serão somadas, senão, serão subtraídas.

Para fazer a DFC é, preciso utilizar cada conta do Balanço Patrimonial, da DRE, e, em alguns casos, da DMPL, verificando se suas variações representam entradas ou saídas de caixa. A seguir, utilizaremos um exemplo para demonstrar passo a passo a elaboração da DFC pelos métodos direto e indireto.

Consideremos o Balanço Patrimonial, a DRE e a DMPL da empresa Fluksso S. A. para os períodos de X1 e X2:

BALANÇO PATRIMONIAL
FLUKSSO S. A.

ATIVO	X1	X2	PASSIVO	X1	X2
Ativo Circulante	R$ 1.300,00	R$ 1.610,00	Passivo Circulante	R$ 900,00	R$ 1.600,00
Disponível	R$ 150,00	R$ 250,00	Fornecedores	R$ 300,00	R$ 600,00
Clientes	R$ 600,00	R$ 850,00	Empréstimos a pagar	R$ 400,00	R$ 600,00
Estoques	R$ 550,00	R$ 510,00	IR a pagar	R$ 200,00	R$ 400,00
Ativo Não Circulante	R$ 1.200,00	R$ 1.400,00	Passivo Não Circulante	R$ 500,00	R$ 100,00
Realizável a Longo Prazo	R$ 100,00	R$ 100,00	Exigível a Longo Prazo	R$ 500,00	R$ 100,00
			Financiamentos a Pagar	R$ 500,00	R$ 100,00
Investimento	R$ 400,00	R$ 400,00			
Imobilizado	R$ 600,00	R$ 800,00	Patrimônio Líquido	R$ 1.100,00	R$ 1.310,00
			Capital Social	R$ 1.000,00	R$ 1.000,00
Intangível	R$ 100,00	R$ 100,00	Lucros Acumulados	R$ 100,00	R$ 310,00
Total do Ativo	R$ 2.500,00	R$ 3.010,00	Total do Passivo	R$ 2.500,00	R$ 3.010,00

DEMONSTRAÇÃO DOS RESULTADOS DO EXERCÍCIO
FLUKSSO S. A.

(+) Receitas Brutas	**R$ 3.000,00**
(–) Deduções	–
(=) Receitas Líquidas	**R$ 3.000,00**
(–) CMV	R$ (1.600,00)
(=) Lucro Bruto	**R$ 1.400,00**
(–) Despesa E. Elétrica	R$ (150,00)
(–) Despesa Água	R$ (50,00)
(–) Despesas Gerais	R$ (700,00)
(=) Lucro Antes dos Impostos	**R$ 500,00**
(–) Provisão de Imposto de Renda	R$ (200,00)
(=) Lucro Líquido	**R$ 300,00**

DEMONSTRAÇÃO DAS MUTAÇÕES DO PATRIMÔNIO LÍQUIDO
FLUKSSO S. A.

Movimentações	Capital Social	Lucros Acumulados	Total
Saldo inicial X1	**R$ 1.000,00**	**R$ 100,00**	**R$ 1.100,00**
Lucro líquido X2		R$ 300,00	R$ 300,00
Dividendos		R$ (90,00)	R$ (90,00)
Saldo final em X2	**R$ 1.000,00**	**R$ 310,00**	**R$ 1.310,00**

Começaremos pelo método direto. A primeira coisa a ser feita é saber qual o resultado que nossa DFC deverá apresentar, ou seja, a variação do disponível. Para esse exemplo, o resultado será, um aumento, uma variação positiva no valor de R$ 100,00:

Disponível em X1	R$ 150,00
Disponível em X2	R$ 250,00
Variação do Disponível	**R$ 100,00**

Agora que já sabemos quanto deve dar nossa DFC, começaremos pelas atividades operacionais. O primeiro elemento a ser identificado é o recebimento dos clientes. Como as informações nas demonstrações contábeis estão em regime de competência, para transformá-las em regime de caixa teremos que praticar um pensamento lógico. Para isso, vamos considerar que todas as vendas tenham sido a prazo.

Se tínhamos para receber dos nossos clientes em X1 R$ 600,00 (AC) e vendemos mais R$ 3.000,00 (DRE), teríamos para receber R$ 3.600,00, mas não é esse saldo que aparece na conta clientes em X2. Nesse período, consta apenas R$ 850,00 (AC), o que significa que recebemos a diferença, ou seja, R$ 2.750,00.

RECEBIMENTO DOS CLIENTES

Tínhamos para receber	R$ 600,00
Vendemos (a prazo)	R$ 3.000,00
Teríamos para receber	R$ 3.600,00
Mas só temos para receber	R$ 850,00
Portanto, recebemos	**R$ 2.750,00**

Esse foi o valor que a empresa realmente recebeu dos seus clientes. Podemos afirmar, então, que, dos R$ 3.000,00 de vendas da empresa, R$ 2.750,00 foram à vista e R$ 250,00 foram a prazo. Somando esses R$ 250,00 de venda a prazo com os R$ 600,00 que a empresa tinha para receber de seus clientes em X1, chegamos ao saldo de R$ 850,00 da conta clientes em X2.

O próximo passo é identificar quanto foi pago aos fornecedores. Para isso, vamos utilizar o mesmo raciocínio lógico do recebimento dos clientes. No entanto, antes de iniciar os cálculos, é preciso apurar qual foi o valor das compras, já que na DRE consta apenas o total do CMV.

Para encontrar o valor das compras é preciso destrinchar a fórmula do CMV, isto é, o CMV é igual ao estoque inicial, mais compras, menos estoque final. Substituindo os valores da fórmula pelos do exemplo, temos:

CMV = Estoque Inicial + Compras – Estoque Final

R$ 1.600,00 = R$ 550,00 + Compras – R$ 510,00

Compras = R$ 1.560,00

Mesmo conhecendo o valor das compras, não é possível identificar quanto foi à vista e quanto foi a prazo. Então, também consideraremos que todas as compras foram feitas a prazo.

Agora já é possível adotar o mesmo raciocínio lógico dos recebimentos dos clientes, o qual seria o seguinte: se tínhamos para pagar aos nossos fornecedores em X1 R$ 300,00 (PC) e compramos mais R$ 1.560,00 (CMV), teríamos para pagar aos fornecedores R$ 1.860,00, mas não é esse saldo que aparece na conta fornecedores em X2. Nesse período, consta apenas o valor de R$ 600,00 (PC), o que significa que pagamos a diferença, ou seja, R$ 1.260,00.

PAGAMENTO DE FORNECEDOR

Tínhamos para pagar	R$ 300,00
Compramos (a prazo)	R$ 1.560,00
Teríamos para pagar	R$ 1.860,00
Mas só temos para pagar	R$ 600,00
Portando, pagamos	**R$ 1.260,00**

O último elemento das atividades operacionais é o pagamento das despesas. Para encontrar esse valor basta relacionar as despesas constantes na DRE com as contas a pagar do passivo.

Na DRE, aparecem as seguintes despesas:

(–) Despesa E. Elétrica	R$ (150,00)
(–) Despesa Água	R$ (50,00)
(–) Despesas Gerais	R$ (700,00)
(–) Provisão de Imposto de Renda	R$ (200,00)

Se relacionarmos essas despesas com o passivo, verificaremos que não existe nada referente às contas a pagar, como conta energia elétrica a pagar ou contas diversas a pagar, etc. Aparece somente a conta imposto de renda a pagar. Isso significa que todas as despesas foram realmente pagas, com exceção do imposto de renda, pois se apresentava um saldo em X1 de R$ 200,00 e agora em X2 apresenta R$ 400,00; a diferença é exatamente o valor da provisão de imposto de renda verificado na DRE. Se está no passivo, significa que o imposto de renda ainda não foi pago.

Portanto, consideraremos como pagamentos reais de despesas a soma das despesas com energia elétrica, água e gerais, o que dá um montante de R$ 900,00.

Considerando os valores anteriormente encontrados, as atividades operacionais de nossa DFC totalizaram R$ 590,00 (positivo), ficando apresentadas da seguinte forma:

ATIVIDADES OPERACIONAIS

Recebimento de Clientes	R$ 2.750,00
Pagamento de Fornecedor	R$ (1.260,00)
Pagamento de Despesas	R$ (900,00)
Caixa Líquido Atividades Operacionais	**R$ 590,00**

A próxima atividade é a de investimentos. Para verificar seus valores recorremos ao ativo não circulante. Note que a única conta que apresenta variação é a do imobilizado, que era de R$ 600,00 em X1 e passou para R$ 800,00 em X2.

Quando há um aumento nesses valores, entende-se que a empresa pegou dinheiro do caixa e comprou ativos considerados permanentes, o que representa uma saída de dinheiro (caixa) na DFC. Portanto, esse será o único componente das atividades de investimentos, as quais ficaram assim:

ATIVIDADES DE INVESTIMENTO

Aquisição de Imobilizado	R$ (200,00)
Caixa Líquido Atividades de Investimento	**R$ (200,00)**

É aconselhável que se utilizem as contas individuais em vez dos totais desses grupos, pois, se tivéssemos depreciação no imobilizado, não poderíamos considerar a variação do grupo, mas, sim, somente a variação das contas dos bens. Isso também vale para as contas de amortização e exaustão.

Agora, falta apenas elaborar as atividades de financiamento. Para tanto, devemos observar os grupos do exigível a longo prazo, patrimônio líquido e os empréstimos e financiamentos do passivo circulante.

Vamos começar pelo passivo circulante, que apresenta a conta empréstimos a pagar. Em X1, essa conta apresentava um saldo de R$ 400,00, e agora em X2 apresenta um saldo de R$ 600,00. Isso quer dizer que a empresa devia R$ 400,00, tomou mais R$ 200,00 emprestados, e agora deve R$ 600,00. Esses R$ 200,00 serão considerados como uma entrada de recursos na DFC, pois foram depositados no banco (disponível).

No grupo do exigível a longo prazo, temos a conta financiamentos a pagar. Em X1, essa conta apresentava um saldo de R$ 500,00, e agora em X2 apresenta um saldo de R$ 100,00. Isso quer dizer que a empresa devia R$ 500,00, pagou R$ 400,00, e agora deve apenas R$ 100,00. Esses R$ 400,00 serão considerados uma saída de recursos na DFC, pois a empresa teve que pegar dinheiro do disponível para quitar esses financiamentos.

No patrimônio líquido, a conta capital social não variou, portanto, não será considerada na DFC. Porém, se observarmos a conta lucros acumulados, em X1 apresentava um saldo de R$ 100,00 e em X2 passou a ficar com R$ 310,00, representando uma variação de 210,00. Se olharmos o lucro líquido na DRE, verificaremos que não deu esse valor de R$ 210,00, mas sim de R$ 300,00.

Opa! Se o saldo da conta lucros acumulados era de R$ 100,00, somando com o lucro líquido da DRE de R$ 300,00, não teria que apresentar um saldo de R$ 400,00?

Pois é, essa pergunta faz sentido, mas é aí que entra a DMPL. Se observarmos a variação da conta lucros acumulados na DMPL, verificaremos que ela começou com um saldo de R$ 100,00, recebeu o lucro líquido de R$ 300,00, mas foi descontado o valor de R$ 90,00 dos dividendos distribuídos, o que gerou o saldo final de R$ 310,00.

Quando a empresa resolve distribuir dividendos, ela retira da conta de lucros acumulados o valor a ser distribuído e o transfere para uma conta de passivo para que possa realmente ser pago utilizando dinheiro do disponível. Esse procedimento é necessário porque não se pode pagar contas que estão no patrimônio líquido em razão de não ser "exigível". Assim, surge a necessidade de transferir esses valores para o passivo.

Ao observar o passivo circulante, não há qualquer conta dividendos a distribuir ou dividendos propostos, o que comprova que os R$ 90,00 de dividendos foram realmente pagos pela empresa, devendo, portanto, ser considerados na DFC como uma saída de recursos. Dessa forma, as atividades de financiamento ficaram assim:

ATIVIDADES DE FINANCIAMENTO

Aquisição de Empréstimos a Curto Prazo	R$ 200,00
Pagamento de Financiamentos a Longo Prazo	R$ (400,00)
Pagamento de Dividendos	R$ (90,00)
Caixa Líquido Atividades de Financiamento	**R$ (290,00)**

Agora, basta verificar se a soma das três atividades confere com a variação do disponível, no caso, R$ 100,00. Nossa DFC pelo método direto ficou finalizada da seguinte forma:

DEMONSTRAÇÃO DOS FLUXOS DE CAIXA
FLUKSSO S. A.

MÉTODO DIRETO	
ATIVIDADES OPERACIONAIS	
Recebimento de Clientes	R$ 2.750,00
Pagamento de Fornecedores	R$ (1.260,00)
Pagamento de Despesas	R$ (900,00)
Caixa Líquido Atividades Operacionais	R$ **590,00**
ATIVIDADES DE INVESTIMENTO	
Aquisição de Imobilizado	R$ (200,00)
Caixa líquido Atividades de *I*nvestimento	R$ **(200,00)**
ATIVIDADES DE FINANCIAMENTO	
Aquisição de Empréstimos a Curto Prazo	R$ 200,00
Pagamento de Financiamentos a Longo Prazo	R$ (400,00)
Pagamento de Dividendos	R$ (90,00)
Caixa líquido Atividades de Financiamento	R$ **(290,00)**
Variação de Caixa e Equivalentes	R$ **100,00**
Saldo Inicial de Caixa e Equivalentes	R$ 150,00
Saldo Final de Caixa e Equivalentes	R$ 250,00

Após identificar a variação do disponível (caixa e equivalentes), é preciso colocar o saldo inicial e o saldo final do disponível para que fique comprovado que o resultado da DFC realmente confere com a variação do disponível.

No método indireto, a única diferença está nas atividades operacionais, que não mais representarão os reais recebimentos de clientes e pagamentos de fornecedores e despesas, sendo os valores encontrados ajustando-se o lucro líquido e considerando as variações das contas patrimoniais relacionadas com a DRE.

O primeiro passo para fazer a DFC pelo método indireto é rastrear na DRE o valor do lucro líquido, no caso, R$ 300,00.

Logo após, é necessário fazer os ajustes nesse lucro desconsiderando-se todos os elementos que não afetam o caixa, como depreciação, amortização, exaustão, ganhos ou perdas com equivalência patrimonial (valorização ou desvalorização no preço das ações), etc.

Esses valores devem ser apresentados na DFC com o efeito contrário ao da DRE, exatamente para apresentar um resultado como se eles não tivessem sido computados. Por exemplo, se houvesse uma despesa com depreciação da DRE, esse valor seria subtraído; então, na DFC, ele deveria ser somado. Também poderíamos ter o oposto, no caso de um ganho com equivalência patrimonial que na DRE estaria sendo somado, e que na DFC deveria ser subtraído.

No exemplo da empresa Fluksso S. A. não existem ajustes a ser feitos, pois a DRE não apresenta itens que não influenciam o caixa.

Resta, então, verificar as contas patrimoniais que estão relacionadas com a DRE. Para melhor efeito didático, vamos analisar conta a conta do Balanço Patrimonial para identificar se existe relacionamento com a DRE e se sua variação representa uma coisa boa (aumento) ou ruim (diminuição) para o caixa.

A primeira conta que temos é a do disponível, mas ela já foi utilizada para verificar a variação a fim de saber quanto tem que dar a DFC.

A próxima conta é clientes, e tem relacionamento com a DRE na medida em que é originada pelas vendas a prazo. A variação de X1 para X2 é um aumento de R$ 250,00. Isso representa uma coisa ruim para o caixa, pois a empresa não só deixou de receber os R$ 600,00 em X1 como passou a não receber mais R$ 250,00 em X2. Na verdade, a empresa pegou dinheiro do caixa, transformou em mercadorias e emprestou na forma de venda a prazo para os seus clientes; por isso, será considerada como uma variação negativa na DFC.

Depois de clientes vem a conta de estoques, que também está relacionada com a DRE, pois se origina das compras de mercadorias no CMV e é afetada pelos custos. A variação de X1 para X2 é uma diminuição de R$ 40,00, que será considerada como uma variação positiva por se tratar de uma coisa boa para o caixa. Nesse caso, a empresa vendeu estoque que será transformado em uma entrada de caixa.

As próximas contas são realizável a longo prazo, investimentos, imobilizado e intangível, que não possuem relação direta com a DRE e, portanto, não pertencem a atividades operacionais, mas sim a atividades de investimento. Apenas seria considerada como atividade operacional uma variação do realizável a longo prazo referente a uma venda a prazo cujo recebimento ocorreria após o término do exercício subsequente ao do Balanço Patrimonial. No ativo não existem mais contas a ser verificadas, então vamos para o passivo.

A primeira conta é fornecedores, que está relacionada com a DRE, pois é originada pelas compras a prazo de mercadorias. Apresenta um aumento de X1 para X2 no valor de R$ 300,00. Isso representa uma variação positiva na DFC, por ser uma coisa boa para o caixa, visto que a empresa ainda não teve que tirar dinheiro do caixa para pagar seus fornecedores.

Logo após a conta fornecedores, vem a conta empréstimos a pagar, que não tem relação direta com a DRE e faz parte das atividades de financiamento na DFC.

A próxima conta, sim, tem relacionamento direto com a DRE. É a conta de IR a pagar, cuja variação de X1 para X2 foi um aumento de R$ 200,00. Também significa uma variação positiva na DFC, pois é uma coisa boa para o caixa. Nesse caso, a empresa ainda não precisou tirar dinheiro do caixa para pagar o seu imposto de renda.

As próximas contas não se referem às atividades operacionais, pois tanto os financiamentos a pagar de longo prazo quanto o capital social se referem a atividades de financiamento. A conta lucros acumulados, na verdade, já foi computada, pois é composta pelas vendas, custos e despesas do período, ou seja, do lucro ou prejuízo que já foi considerado na DFC.

Finalizadas as contas do Balanço Patrimonial, basta somar os elementos das atividades operacionais do método indireto e verificar se apresentam o mesmo resultado das atividades operacionais do método direto. Isso porque se trata da mesma empresa, do mesmo caixa, e apenas a forma como são elaboradas as atividades operacionais é diferente. As atividades operacionais pelo método indireto ficaram como é mostrado na tabela a seguir:

ATIVIDADES OPERACIONAIS	
Lucro Líquido	R$ 300,00
(+/–) Ajustes	–
Variações nos Ativos e Passivos	
Variação em Clientes	R$ (250,00)
Variação em Estoques	R$ 40,00
Variação em Fornecedores	R$ 300,00
Variação em IR a Pagar	R$ 200,00
Caixa Líquido Atividades Operacionais	**R$ 590,00**

Perceba que, como resultado, chegamos aos mesmos R$ 590,00 encontrados no método direto. As atividades de investimento e de financiamento continuam iguais às do método direto. Assim, a DFC completa elaborada pelo método indireto ficaria como é mostrado na tabela Demonstração dos fluxos de caixa da empresa Fluksso S. A., que aparece na página seguinte:

DEMONSTRAÇÃO DOS FLUXOS DE CAIXA
FLUKSSO S. A.

MÉTODO INDIRETO	
ATIVIDADES OPERACIONAIS	
Lucro Líquido	**R$** 300,00
(+/–) Ajustes	–
Variações nos Ativos e Passivos	
Variação em Clientes	R$ (250,00)
Variação em Estoques	R$ 40,00
Variação em Fornecedores	R$ 300,00
Variação em IR a Pagar	R$ 200,00
Caixa Líquido Atividades Operacionais	**R$ 590,00**
ATIVIDADES DE INVESTIMENTO	
Aquisição de Imobilizado	R$ (200,00)
Caixa líquido Atividades de Investimento	**R$ (200,00)**
ATIVIDADES DE FINANCIAMENTO	
Aquisição Empréstimos a Curto Prazo	R$ 200,00
Pagamento Financiamentos a Longo Prazo	R$ (400,00)
Pagamento de Dividendos	R$ (90,00)
Caixa Líquido Atividades de Financiamento	R$ (290,00)
Variação de Caixa e Equivalentes	**R$ 100,00**
Saldo Inicial de Caixa e Equivalentes	R$ 150,00
Saldo Final de Caixa e Equivalentes	R$ 250,00

O mais comum é as empresas apresentarem a DFC pelo método indireto. Aliás, se quisermos baixar uma DFC do site da BM&Fbovespa, somente encontraremos demonstrações elaboradas pelo método indireto.

No entanto, para os gestores das empresas, o método direto seria o mais interessante, pois apresenta as principais e reais informações sobre a solvência da empresa, ou seja, os recebimentos de clientes e os pagamentos de fornecedores e de despesas.

Analisando a DFC da empresa Fluksso S. A., pode-se perceber que ela consegue gerar caixa através de suas atividades operacionais (R$ 590,00). Podemos comparar esse valor com o total do ativo para ter uma ideia de quantos por cento a empresa consegue gerar de caixa. Fazendo a conta, temos 20% (R$ 590,00 ÷ R$ 3.010,00).

A situação da empresa encontra-se tão favorável que resolveu adquirir imobilizado (R$ 200,00), quitar financiamentos de longo prazo (R$ 400,00) e pagar dividendos aos sócios (R$ 90,00). Como esse montante ultrapassa os R$ 590,00 que a empresa gerou com suas atividades operacionais, resolveu-se tomar mais R$ 200,00 de empréstimos a curto prazo.

Em algumas situações, dependendo da condição da empresa ao tomar dinheiro emprestado ou de razões econômicas e de mercado, adquirir empréstimos de curto prazo para pagar dívidas de longo prazo torna-se um bom negócio, pois o desconto dos juros que se obtém nesse tipo de operação é bem interessante. Mas, é claro, isso depende de vários fatores, até mesmo da própria política da empresa em remanejar parte do disponível para a quitação de suas dívidas.

EXERCÍCIOS

1) Qual o objetivo da Demonstração dos Fluxos de Caixa (DFC)?
2) Como é estruturada a DFC?
3) Qual a diferença entre os métodos direto e indireto na elaboração da DFC?
4) Fale sobre a obrigatoriedade da DFC.
5) Questão nº 10 do Exame de Suficiência – Edição Março/2011.

   Uma sociedade empresária apresentou, no exercício de 2010, uma variação positiva no saldo de caixa e equivalentes de caixa no valor de R$ 18.000,00. Sabendo-se que o caixa gerado pelas atividades operacionais foi de R$ 28.000,00 e o caixa consumido pelas atividades de investimento foi de R$ 25.000,00, as atividades de financiamento:

a) geraram um caixa de R$ 21.0000,00.
b) consumiram um caixa de R$ 15.000,00.
c) consumiram um caixa de R$ 21.000,00.
d) geraram um caixa de R$ 15.000,00.

6) Considere o Balanço Patrimonial e a DRE da Empresa ABC Ltda.:

BALANÇO PATRIMONIAL
ABC LTDA.

ATIVO (R$)	31/12/2011	31/1/2012	PASSIVO (R$)	31/12/2011	31/1/2012
CIRCULANTE	95.000,00	228.000,00	CIRCULANTE	40.000,00	51.000,00
Caixa	50.000,00	90.000,00	Fornecedores	30.000,00	30.000,00
Bancos	20.000,00	138.000,00	Financ. a Pagar	10.000,00	8.000,00
Estoques	25.000,00		Contas a Pagar		10.000,00
			Divid. Propostos		3.000,00
NÃO CIRCUL.	55.000,00	55.000,00	NÃO CIRCUL.	0	100.000,00
A.R.P.L.	5.000,00	0	P.E.L.P.	0	100.000,00
Dupl. a Receber	5.000,00	0	Finan. Pagar (LP)	0	100.000,00
IMOBILIZADO	50.000,00	55.000,00	P. LÍQUIDO	110.000,00	132.000,00
Máq. e Equip.	50.000,00	50.000,00	Capital Social	100.000,00	120.000,00
(–) Depr. Acum.		(5.000,00)	Lucros Acumulados	10.000,00	12.000,00
Veículos		10.000,00			
TOTAL	150.000,00	283.000,00	TOTAL	150.000,00	283.000,00

DEMONSTRAÇÃO DOS RESULTADOS DO EXERCÍCIO – JANEIRO/2012
ABC LTDA.

Receitas Brutas	**R$ 50.000,00**
(–) Deduções	0
(=) Receitas Líquidas	**R$ 50.000,00**
(–) CMV	(R$ 25.000,00)
(=) Lucro Bruto	**R$ 25.000,00**
(–) Despesas Operacionais	**(R$ 20.000,00)**
Desp. Água	(R$ 5.000,00)
Desp. E. Elétrica	(R$ 10.000,00)
Desp. Depreciação	(R$ 5.000,00)
(=) Lucro Líquido	**R$ 5.000,00**

Pede-se: elaborar a DFC pelo método direto e indireto.

7) A empresa Alfa apresenta as seguintes demonstrações:

BALANÇO PATRIMONIAL

ATIVO (em R$ 10.000)			**PASSIVO (em R$ 10.000)**		
	31/12/X1	31/12/X2		31/12/X1	31/12/X2
Circulante			Circulante		
Disponível	1.500	2.300	Fornecedores	1.000	2.000
Dupl. a Receber	500	1.000	Empr. Bancários	1.000	1.470
Estoques	1.000	1.500	IR a Recolher	–	1.050
Total Circulante	**3.000**	**4.800**	**Total Circulante**	**2.000**	**4.520**
Não Circulante					
Investimentos					
Part. Outras Cias.	500	2.640			
	500	**2.640**			
Imobilizado			**Patrim. Líquido**		
Móv. e Utens.	1.200	1.500	Capital Social	4.500	6.000
(–) Depr. Acum.	(200)	(320)	Lucros Acumulados	–	1.100
Terrenos	2.000	3.000	**Total do P. L.**	**4.500**	**7.100**
	3.000	**4.180**			
Total Não Circul.	**3.500**	**6.820**			
Total	**6.500**	**11.620**	**Total**	**6.500**	**11.620**

DEMONSTRAÇÃO DOS RESULTADOS DOS EXERCÍCIOS
(EM R$ 10.000)

Receitas Brutas		**R$10.000**
(–) CMV		R$ (5.500)
(=) Lucro Bruto		**R$ 4.500**
(–) Despesas Operacionais		
Vendas	R$ (500)	
Administração	R$ (380)	
Depreciação	R$ (120)	
Outras Despesas	R$ (500)	R$ 1.500
(=) Lucro Antes dos Impostos		**R$ 3.000**
(–) Provisão p/ IR		R$ (1.050)
(–) Lucro Líquido		**R$ 1.950**

DEMONSTRAÇÃO DAS MUTAÇÕES DO PATRIMÔNIO LÍQUIDO
FINDO EM 31/12/X2 (EM R$)

Movimentações	Capital Social	L. Retidos	Total
Saldo inicial em 31/12/X1	4.500	–	**4.500**
Aumento de capital	1.500		**1.500**
Lucro líquido		1.950	**1.950**
Distribuição de dividendos		(850)	**(850)**
Saldo final em 31/12/X2	6.000	1.100	**7.100**

Pede-se: elaborar a DFC pelo método direto e indireto.

Resolução do Exercício nº 5

A alternativa correta é a "D", pois a Demonstração dos Fluxos de Caixa (DFC) é a responsável em demonstrar as movimentações (variações) das contas do disponível, e é composta pela soma das atividades operacionais, de investimento e de financiamento.

Como a variação da DFC foi positiva em R$ 18.000,00, as atividades operacionais tiveram um total de R$ 28.000,00 positivo (caixa gerado) e as atividades de investimento tiveram um total de R$ 25.000,00 negativo (caixa consumido), o total das atividades de financiamento pode ser obtido por dedução:

DFC = ATIV. OPERACIONAIS + ATIV. INVESTIMENTO + ATIV. FINANCIAMENTO

R$ 18.000,00 = R$ 28.000,00 (-) R$ 25.000,00 + ATIV. FINANCIAMENTO

ATIV. FINANCIAMENTO = R$ 15.000,00

Resolução do Exercício nº 6:

MÉTODO DIRETO	
ATIVIDADES OPERACIONAIS	
Recebimento de clientes	R$ 55.000,00
Pagamento de fornecedor	–
Pagamento de despesas	R$ (5.000,00)
Caixa líquido atividades operacionais	**R$ 50.000,00**
ATIVIDADES DE INVESTIMENTO	
Aquisição de imobilizado	R$ (10.000,00)
Caixa líquido atividades de investimento	**R$ (10.000,00)**
ATIVIDADES DE FINANCIAMENTO	
Pagamento financiamento a pagar curto prazo	R$ (2.000,00)
Aquisição financiamentos longo prazo	R$ 100.000,00
Pagamento de dividendos	
Aumento de capital	R$ 20.000,00
Caixa líquido atividades de financiamento	**R$ 118.000,00**
Variação de Caixa e Equivalentes	**R$ 158.000,00**
Saldo Inicial de Caixas e Equivalentes	R$ 70.000,00
Saldo Final de Caixa e Equivalentes	R$ 228.000,00

(cont.)

CÁLCULOS	
Disponível em X1	R$ 70.000,00
Disponível em X2	R$ 228.000,00
Variação do Disponível	**R$ 158.000,00**
RECEBIMENTOS DOS CLIENTES	
Tinhamos para receber	R$ 5.000,00
Vendemos (a prazo)	R$ 50.000,00
Teríamos para receber	R$ 55.000,00
Temos para receber	–
Portanto, recebemos	**R$ 55.000,00**
PAGAMENTO DE FORNECEDORES	
Valor das compras	
CMV=	EI (+) Compras (-) Estoque final
R$ 25.000,00	R$ 25.000,00 Compras R$ –
Compras=	–
Tínhamos para pagar aos fornecedores	R$ 30.000,00
Compramos	–
Teríamos para pagar aos fornecedores	R$ 30.000,00
Tenho para pagar aos fornercedores	R$ 30.000,00
Portanto, pagamos	–
Pagamento Despesas	
Despesas água	R$ (5.000,00) Não aparece no passivo circulante (paga)
Despesas E. Elétrica	R$ (10.000,00) Aparece no passivo circulante (não paga)
Despesas Depreciação	R$ (5.000,00) Não desembolsável)
Somente foi paga?	
Despesa água	R$ (5.000,00)

MÉTODO INDIRETO	
ATIVIDADES OPERACIONAIS	
Lucro líquido	R$ 5.000,00
(+/–) Ajustes	**R$ 5.000,00**
Despesas depreciação	R$ 5.000,00
Variação nos Ativos e Passivos	**R$ 40.000,00**
Variação em clientes	R$ 5.000,00
Variação em estoques	R$ 25.000,00
Variação em fornecedores	–
Variação em contas a pagar	R$ 10.000,00
Caixa líquido atividades operacionais	**R$ 50.000,00**
ATIVIDADES DE INVESTIMENTO	
Aquisição de imobilizado	R$ (10.000,00)
Caixa líquido atividades de investimento	**R$ (10.000,00)**
ATIVIDADES DE FINANCIAMENTO	
Pagamento financiamento a pagar curto prazo	R$ (2.000,00)
Aquisição financiamentos longo prazo	R$ 100.000,00
Pagamento de dividendos	–
Aumento de capital	R$ 20.000,00
Caixa líquido atividades de financiamento	**R$ 118.000,00**
Variação de Caixa e Equivalentes	**R$ 158.000,00**
Saldo Inicial de Caixas e Equivalentes	R$ 70.000,00
Saldo Final de Caixa e Equivalentes	R$ 228.000,00

Resolução do Exercício nº 7:

DEMONSTRAÇÃO DOS FLUXOS DE CAIXA DA EMPRESA ALFA	
MÉTODO DIRETO	
ATIVIDADES OPERACIONAIS	
Recebimento de clientes	R$ 9.500,00
Pagamento de fornecedor	R$ (5.000,00)
Pagamento de despesas	R$ (1.380,00)
Caixa líquido atividades operacionais	**R$ 3.1200,00**
ATIVIDADES DE INVESTIMENTO	
Aquisição de ações (part. outras cias.)	R$ (2.140,00)
Aquisição de móveis e utensílios	R$ (300,00)
Aquisição de terrenos	R$ (1.000,00)
Caixa líquido atividades de investimento	**R$ (3.440,00)**
ATIVIDADES DE FINANCIAMENTO	
Aquisição empréstimos curto prazo	R$ 470,00
Aumento de capital	R$ 1.500,00
Pagamento de dividendos	R$ (850,00)
Caixa líquido atividades de financiamento	**R$ 1.120,00**
Variação de caixa e equivalentes	**R$ 800,00**
Saldo inicial de caixas e equivalentes	R$ 1.500,00
Saldo final de caixa e equivalentes	R$ 2.300,00

DEMONSTRAÇÃO DOS FLUXOS DE CAIXA DA EMPRESA ALFA	
MÉTODO INDIRETO	
ATIVIDADES OPERACIONAIS	
Lucro líquido	R$ 1.950,00
(+/–) Ajustes	
Depreciação	R$ 120,00
Variações nos Ativos e Passivos	
Variação em duplicatas a receber	R$ (500,00)
Variação em estoques	R$ (500,00)
Variação em fornecedores	R$ 1.000,00
Variação em imposto de renda a recolher	R$ 1.050,00
Caixa líquido atividades operacionais	**R$ 3.1200,00**

(cont.)

ATIVIDADES DE INVESTIMENTO	
Aquisição de ações (part. outras cias.)	R$ (2.140,00)
Aquisição de móveis e utensílios	R$ (300,00)
Aquisição de terrenos	R$ (1.000,00)
Caixa líquido atividades de investimento	**R$ (3.440,00)**
ATIVIDADES DE FINANCIAMENTO	
Aquisição empréstimos curto prazo	R$ 470,00
Aumento de capital	R$ 1.500,00
Pagamento de dividendos	R$ (850,00)
Caixa líquido atividades de financiamento	**R$ 1.120,00**
Variação de caixa e equivalentes	**R$ 800,00**
Saldo inicial de caixas e equivalentes	R$ 1.500,00
Saldo final de caixa e equivalentes	R$ 2.300,00

CAPÍTULO 8

Demonstração do Valor Adicionado (DVA)

Assim como a Demonstração dos Fluxos de Caixa (DFC), a Demonstração do Valor Adicionado (DVA) também se tornou obrigatória com a implementação da Lei nº 11.638/2007. Porém, somente as sociedades anônimas de capital aberto estão obrigadas a apresentá-la.

Essa demonstração contábil não é exigida pelo International Accounting Standards Board (IASB), o que gerou certa incoerência com o discurso do Brasil em acompanhar as normas internacionais de contabilidade – International Financial Reporting Standards (IFRS).

A obrigatoriedade talvez se deva à sua relevância e à qualidade das informações demonstradas que são de interesse dos mais variados usuários da contabilidade, pois o objetivo da DVA é demonstrar como a empresa gera a sua riqueza e como esta é distribuída.

Além disso, a DVA é uma importante ferramenta para identificar a real parcela de contribuição das empresas para a formação do Produto Interno Bruto (PIB).

A norma contábil que estabelece os procedimentos de elaboração e apresentação da DVA é o Pronunciamento Técnico CPC 09, no qual também são apresentados alguns modelos para a sua elaboração.

Basicamente, as informações da DVA são obtidas da DRE e servem de base para a elaboração de outras demonstrações de cunho social, como o Balanço Social, por exemplo. No Brasil, o Instituto Brasileiro de Análises Sociais e Econômicas (Ibase) criou um modelo que é utilizado por várias empresas. Esse instituto disponibiliza em seu *site* (www.balancosocial.org.br) modelos de balanços sociais voltados para alguns tipos de empresa. A primeira parte do Balanço Social corresponde exatamente à DVA.

No entanto, não deve ser confundida com declarações de ordem social, como é o caso da Relação Anual de Informações Sociais (Rais). Essa declaração é obrigatória para todas as empresas, mesmo para aquelas sem empregados, e nela são fornecidas informações referentes aos dados cadastrais e benefícios dos empregados, como nome, cor, escolaridade, salário, etc.

O modelo de DVA apresentado pelo Pronunciamento CPC 09, referente às empresas em geral, é composto por oito itens e deve ser elaborado sempre na comparação entre dois ou mais períodos. O modelo é o da página seguinte.

Além do modelo para as empresas em geral, o referido pronunciamento também apresenta um modelo de DVA para as instituições financeiras bancárias e um para as seguradoras.

Para verificar o que acontece na prática, vamos analisar a DVA de uma empresa real, listada no *site* da BM&FBovespa. Vamos utilizar a DVA da Cia. Vale do Rio Doce, referente aos anos de 2006 a 2008, a qual está nas páginas 124-5.

Note que os oito elementos determinados pelo Pronunciamento CPC 09 conferem com os da DVA da referida empresa (em negrito).

Várias são as informações que podemos obter analisando os resultados da DVA. A principal delas é a porcentagem de distribuição da riqueza. Ela é obtida dividindo-se cada elemento do oitavo grupo pelo item 7 (Valor Adicionado Total a Distribuir). Para a empresa Cia. Vale do Rio Doce, a distribuição nos três períodos ficou do modo que é mostrado na tabela da página 125.

MODELO DE DVA (PRONUNCIAMENTO CPC 09)

DESCRIÇÃO*	Em milhares de reais 20X1	Em milhares de reais 20X0
1 – RECEITAS		
1.1) Vendas de Mercadorias, Produtos e Serviços		
1.2) Outras Receitas		
1.3) Receitas Relativas à Construção de Ativos Próprios		
1.4) Provisão para Créditos de Liquidação Duvidosa – Reversão/(Constituição)		
2 – INSUMOS ADQUIRIDOS DE TERCEIROS (inclui os valores dos impostos – ICMS, IPI, PIS e Cofins)		
2.1) Custos dos Produtos, das Mercadorias e dos Serviços Vendidos		
2.2) Materiais, Energia, Serviços de Terceiros e Outros		
2.3) Perda/Recuperação de Valores Ativos		
2.4) Outras (especificar)		
3 – VALOR ADICIONADO BRUTO (1–2)		
4 – DEPRECIAÇÃO, AMORTIZAÇÃO E EXAUSTÃO		
5 – VALOR ADICIONADO LÍQUIDO PRODUZIDO PELA ENTIDADE (3–4)		
6 – VALOR ADICIONADO RECEBIDO EM TRANSFERÊNCIA		
6.1) Resultado de Equivalência Patrimonial		
6.2) Receitas Financeiras		
6.3) Outras		
7 – VALOR ADICIONADO TOTAL A DISTRIBUIR (5+6)		
8 – DISTRIBUIÇÃO DO VALOR ADICIONADO (*)		
8.1) Pessoal		
8.1.1) Remuneração Direta		
8.1.2) Benefícios		
8.1.3) FGTS		
8.2) Impostos, Taxas e Contribuições		
8.2.1) Federais		
8.2.2) Estaduais		
8.2.3) Municipais		
8.3) Remuneração de Capitais de Terceiros		
8.3.1) Juros		
8.3.2) Aluguéis		
8.3.3) Outras		
8.4) Remuneração de Capitais Próprios		
8.4.1) Juros sobre o Capital Próprio		
8.4.2) Dividendos		
8.4.3) Lucros Acumulados/Prejuízo do Exercício		
8.4.4) Participação dos Não Controladores nos Lucros Acumulados (só p/ consolidação)		

(*) O total do item 8 deve ser exatamente igual ao item 7.

DEMONSTRAÇÃO DO VALOR ADICIONADO – (EM MIL REAIS)
CIA. VALE DO RIO DOCE

Código da Conta	Descrição da Conta	Ano 2008	Ano 2007	Ano 2006
6.01	**Receitas**	**41.704.228**	**23.028.683**	**19.874.469**
6.01.01	Vendas Mercadorias, Produtos e Serviços	34.472.350	23.028.683	19.874.469
6.01.02	Outras Receitas	0	0	0
6.01.03	Receitas ref. à Constr. Ativos Próprios	7.258.752	0	0
6.01.04	Provisão/Rev. Créds. Liquidação Duvidosa	–26.874	0	0
6.02	**Insumos Adquiridos de Terceiros**	**–22.905.213**	**–10.350.647**	**–9.353.861**
6.02.01	Custos Prods., Mercs. e Servs. Vendidos	–5.299.186	–5.981.558	–4.826.127
6.02.02	Materiais, Energia, Servs. Terceiros e Outros	–13.617.630	–3.701.029	–3.565.734
6.02.03	Perda/Recuperação de Valores Ativos	0	0	0
6.02.04	Outros	–3.988.397	–668.060	–962.000
6.03	**Valor Adicionado Bruto**	**18.799.015**	**12.678.036**	**10.520.608**
6.04	**Retenções**	**–1.641.474**	**–1.483.289**	**–1.406.645**
6.04.01	Depreciação, Amortização e Exaustão	–1.641.474	–1.483.289	–1.406.645
6.04.02	Outras	0	0	0
6.05	**Valor Adicionado Líquido Produzido**	**17.157.541**	**11.194.747**	**9.113.963**
6.06	**Valor Adicionado Recebido em Transferência**	**28.466.769**	**15.623.627**	**9.795.491**
6.06.01	Resultado de Equivalência Patrimonial	22.768.942	11.446.609	9.325.008
6.06.02	Receitas Financeiras	5.697.827	4.177.018	470.483
6.06.03	Outros	0	0	0
6.07	**Valor Adicionado Total a Distribuir**	**45.624.310**	**26.818.374**	**18.909.454**
6.08	**Distribuição do Valor Adicionado**	**45.624.310**	**26.818.374**	**18.909.454**
6.08.01	Pessoal	2.240.473	1.595.885	1.397.679
6.08.01.01	Remuneração Direta	0	0	0
6.08.01.02	Benefícios	0	0	0
6.08.01.03	FGTS	0	0	0
6.08.01.04	Outros	0	0	0
6.08.02	Impostos, Taxas e Contribuições	1.031.769	4.570.509	2.798.755
6.08.02.01	Federais	0	0	0
6.08.02.02	Estaduais	0	0	0
6.08.02.03	Municipais	0	0	0

(cont.)

(cont.)

Código da Conta	Descrição da Conta	Ano 2008	Ano 2007	Ano 2006
6.08.03	Remuneração de Capitais de Terceiros	21.072.858	646.418	1.282.015
6.08.03.01	Juros	0	0	0
6.08.03.02	Aluguéis	0	0	0
6.08.03.03	Outras	0	0	0
6.08.04	Remuneração de Capitais Próprios	21.279.210	20.005.562	13.431.005
6.08.04.01	Juros sobre o Capital Próprio	0	0	0
6.08.04.02	Dividendos	0	0	0
6.08.04.03	Lucros acumulados/Prejuízo do Exercício	21.279.210	20.005.562	13.431.005
6.08.05	Outros	0	0	0

Fonte: BM&FBovespa, 2012.

PORCENTAGEM DE DISTRIBUIÇÃO DA RIQUEZA CIA. VALE DO RIO DOCE

		Ano 2008		Ano 2007		Ano 2006	
6.07	**Valor Adicionado Total a Distribuir**	**45.624.310**	**100%**	**26.818.374**	**100%**	**18.909.454**	**100%**
6.08	**Distribuição do Valor Adicionado**	**45.624.310**		**26.818.374**		**18.909.454**	
6.08.01	Pessoal	2.240.473	5%	1.595.885	6%	1.397.679	7%
6.08.01.01	Remuneração Direta	0		0		0	
6.08.01.02	Benefícios	0		0		0	
6.08.01.03	FGTS	0		0		0	
6.08.01.04	Outros	0		0		0	
6.08.02	Impostos, Taxas e Contribuições	1.031.769	2%	4.570.509	17%	2.798.755	15%
6.08.02.01	Federais	0		0		0	
6.08.02.02	Estaduais	0		0		0	
6.08.02.03	Municipais	0		0		0	
6.08.03	Remuneração de Capitais de Terceiros	21.072.858	46%	646.418	2%	1.282.015	7%
6.08.03.01	Juros	0		0		0	
6.08.03.02	Aluguéis	0		0		0	
6.08.03.03	Outras	0		0		0	
6.08.04	Remuneração de Capitais Próprios	21.279.210	47%	20.005.562	75%	13.431.005	71%
6.08.04.01	Juro s/ Capital Próprio	0		0		0	
6.08.04.02	Dividendos	0		0		0	
6.08.04.03	Lucros Acumulados / Prejuízo do Exercício	21.279.210		20.005.562		13.431.005	
6.08.05	Outros	0		0		0	

Verifica-se que, nos três períodos, a maior parte da riqueza ficou com a remuneração de capitais próprios (sócios), 71% em 2006, 75% em 2007 e 47% em 2008. É importante ressaltar que essas porcentagens se referem à riqueza gerada no período, não se confundindo com variação percentual (aumentos ou diminuições) entre os períodos. Por exemplo, verifica-se que há uma diminuição brusca na porcentagem de distribuição de riqueza em 2008 quanto à remuneração de capitais próprios (de 2007), mas isso não quer dizer que nesse período distribuiu-se menos dinheiro aos sócios. Pelo contrário, foi o ano em que o valor foi mais alto (R$ 21.279.210,00).

O que acontece é que, comparando-se a distribuição de riqueza realizada para a remuneração de capitais próprios em 2008 (R$ 21.279.210,00) com a riqueza gerada no mesmo período (R$ 45.624.310,00), obteve-se 47%.

Outras informações importantes podem ser obtidas pela DVA quando ela é relacionada com o Balanço Patrimonial e a DRE. Por exemplo, podemos identificar o potencial do ativo em gerar riqueza, dividindo-se o valor adicionado (item 7) pelo total do ativo, ou a parte da receita que ficou retida na empresa, dividindo-se o valor adicionado (item 7) pela receita bruta total.

EXERCÍCIOS

1) Qual o objetivo da Demonstração do Valor Adicionado (DVA)?
2) Como é estruturada a DVA?
3) Fale sobre a obrigatoriedade da DVA.
4) Analise a DVA da Petrobras (Petróleo Brasileiro S. A.).

DEMONSTRAÇÃO DO VALOR ADICIONADO (DVA)
Petróleo Brasileiro S. A. Petrobras

(Em mil reais)

Código da Conta	Descrição da Conta	Ano 2008	Ano 2007	Ano 2006
6.01	**Receitas**	**241.900.142**	**192.415.676**	**163.154.611**
6.01.01	Vendas Mercadorias, Produtos e Serviços	210.066.823	171.949.673	163.126.417
6.01.02	Outras Receitas	0	0	0
6.01.03	Receitas refs. à Constr. Ativos Próprios	31.921.891	20.481.214	0
6.01.04	Provisão/Rev. Créds. Liquidação Duvidosa	–88.572	–15.211	28.194
6.02	**Insumos Adquiridos de Terceiros**	**–117.953.364**	**–81.645.309**	**–44.650.653**
6.02.01	Custos Prods., Mercs. e Servs. Vendidos	–31.043.270	–15.901.622	–9.823.773
6.02.02	Materiais-Energia-Servs. Terceiros-Outros	–41.119.679	–33.653.046	–20.282.577
6.02.03	Perda/Recuperação de Valores Ativos	–891.258	–87.146	0
6.02.04	Outros	–44.899.157	–32.003.495	–14.544.303
6.03	**Valor Adicionado Bruto**	**123.946.778**	**110.770.367**	**118.503.958**
6.04	**Retenções**	**–7.952.428**	**–5.798.802**	**–4.934.119**
6.04.01	Depreciação, Amortização e Exaustão	–7.952.428	–5.798.802	–4.934.119
6.04.02	Outras	0	0	0
6.05	**Valor Adicionado Líquido Produzido**	**115.994.350**	**104.971.565**	**113.569.839**
6.06	**Valor Adicionado Recebido em Transferência**	**10.662.685**	**2.688.620**	**3.424.120**
6.06.01	Resultado de Equivalência Patrimonial	2.494.233	–641.238	411.993
6.06.02	Receitas Financeiras	7.254.449	2.893.929	2.596.945
6.06.03	Outros	914.003	435.929	415.182
6.07	**Valor Adicionado Total a Distribuir**	**126.657.035**	**107.660.185**	**116.993.959**
6.08	**Distribuição do Valor Adicionado**	**126.657.035**	**107.660.185**	**116.993.959**
6.08.01	Pessoal	11.169.727	11.454.285	7.927.275
6.08.01.01	Remuneração Direta	7.619.460	5.913.866	4.776.086
6.08.01.02	Benefícios	3.024.641	5.094.164	3.151.189
6.08.01.03	FGTS	525.626	446.255	0
6.08.01.04	Outros	0	0	0
6.08.02	Impostos, Taxas e Contribuições	66.298.840	57.170.888	71.238.234
6.08.02.01	Federais	53.855.165	42.652.147	49.348.873
6.08.02.02	Estaduais	12.363.557	14.470.588	21.841.752
6.08.02.03	Municipais	80.118	48.153	47.609

(cont.)

(cont.)

Código da Conta	Descrição da Conta	Ano 2008	Ano 2007	Ano 2006
6.08.03	Remuneração de Capitais de Terceiros	12.718.919	17.006.321	11.765.277
6.08.03.01	Juros	57.470	5.929.226	2.563.027
6.08.03.02	Aluguéis	12.661.449	11.077.095	9.202.250
6.08.03.03	Outras	0	0	0
6.08.04	Remuneração de Capitais Próprios	36.469.549	22.028.691	26.063.173
6.08.04.01	Juros sobre o Capital Próprio	7.019.261	6.361.205	7.896.669
6.08.04.02	Dividendos	2.895.445	219.352	0
6.08.04.03	Lucros Acumulados/Prejuízo do Exercício	26.554.843	15.448.134	18.166.504
6.08.05	Outros	0	0	0

Fonte: BM&FBovespa, 2012.

CAPÍTULO 9

Escrituração contábil: O método das partidas dobradas

Para a elaboração das demonstrações contábeis, são utilizados livros contábeis para registrar informações mais detalhadas sobre as operações das empresas. Sem esses registros, seria impossível entender como foram originados os valores apresentados nas demonstrações contábeis, sem contar o fato de que, a cada lançamento, teríamos que ficar apagando os valores nas demonstrações para poder atualizá-los conforme forem surgindo novos fatos contábeis.

Basicamente, são utilizados dois livros contábeis: o diário, responsável pelo registro das transações em ordem cronológica de dia, mês e ano, e o razão, onde são apuradas todas as transações, conta por conta.

Um livro complementa o outro e ambos são utilizados no processo de auditoria das demonstrações contábeis, uma vez que contêm as informações de forma bem detalhada.

Antes, porém, de descrever os procedimentos para elaboração desses livros, é preciso entender como funciona o método das partidas dobradas.

Há uma grande dificuldade das pessoas em compreender esse método, razão pela qual grande parte delas acredita que, para elaborar uma demonstração contábil, é preciso entender muito de matemática. Mas isso não é verdade, pois são utilizadas apenas operações de adição e subtração.

A seguir será quebrado esse mito e você passará a entender esse método para nunca mais esquecer. Se uma criança for ensinada dessa forma, com certeza ela não terá dificuldades em perceber a lógica do método.

Para começar, lembre-se de que o Balanço Patrimonial é composto pelo ativo (bens e direitos) do lado esquerdo e pelo passivo (obrigações) do lado direito. Para valer a estática patrimonial, todos os lançamentos precisam afetar duas contas, obrigatoriamente.

Por exemplo, dois sócios se juntam para constituir uma empresa em que cada um deles contribui com R$ 50.000,00 em dinheiro para formar o capital social. Portanto, as duas contas a serem utilizadas são: capital social, no patrimônio líquido, e caixa, no ativo circulante. Nessa transação, aparecerão R$ 100.000,00 no ativo na conta caixa e R$ 100.000,00 no patrimônio líquido na conta capital social, fazendo "bater" o balanço patrimonial.

ATIVO		PASSIVO	
Ativo Circulante		Patrimônio Líquido	
Caixa	R$ 100.000,00	Capital Social	R$ 100.000,00
Total	R$ 100.000,00	Total	R$ 100.000,00

Os lançamentos utilizados foram:
Aumento do ativo – caixa – R$ 100.000,00.
Aumento do passivo – capital social – R$ 100.000,00.

Imaginemos que, a seguir, os sócios resolvam comprar máquinas no valor de R$ 10.000,00, à vista. Aparecerá a conta máquinas no ativo com o valor de R$ 10.000,00, sendo a conta caixa diminuída nesse mesmo valor, fazendo o Balanço continuar batendo.

ATIVO			PASSIVO		
Ativo Circulante					
Caixa	R$	90.000,00			
Ativo Não Circulante					
Imobilizado			Patrimônio Líquido		
Máquinas	R$	10.000,00	Capital Social	R$	100.000,00
Total	R$	100.000,00	Total	R$	100.000,00

Os lançamentos utilizados foram:
Aumento do ativo – máquinas – R$ 10.000,00.
Diminuição do ativo – caixa – R$ 10.000,00.

Continuando, os sócios resolvem comprar mercadorias a prazo, no valor de R$ 30.000,00. Aparecerá no ativo a conta mercadorias e no passivo aparecerá a conta fornecedores no valor de R$ 30.000,00, pois, como a empresa não pagou as mercadorias à vista, originou uma obrigação evidenciada no passivo.

ATIVO			PASSIVO		
Ativo Circulante			Passivo Circulante		
Caixa	R$	90.000,00	Fornecedores	R$	30.000,00
Mercadorias	R$	30.000,00			
Ativo Não Circulante					
Imobilizado			Patrimônio Líquido		
Máquinas	R$	10.000,00	Capital Social	R$	100.000,00
Total	R$	130.000,00	Total	R$	130.000,00

Os lançamentos utilizados foram:
Aumento do ativo – mercadorias – R$ 30.000,00.
Aumento do passivo – fornecedores – R$ 30.000,00.

Perceba que o Balanço Patrimonial continua batendo e os totais do ativo e do passivo aumentaram para R$ 130.000,00. Isso não quer dizer que os sócios ficaram mais ricos, pois, se a empresa for encerrada nesse momento, terá que pagar os fornecedores, e os sócios levarão apenas o que estiver no patrimônio líquido, ou seja, os R$ 100.000,00. Para aumentar a riqueza dos sócios, a empresa precisa gerar lucros, como o originado pela venda de mercadorias, por exemplo.

Para exemplificar, vamos supor que a empresa decida vender todas as suas mercadorias por R$ 50.000,00, depositando o dinheiro no caixa. O balanço patrimonial ficaria assim:

ATIVO		PASSIVO	
Ativo Circulante		Passivo Circulante	
Caixa	R$ 140.000,00	Fornecedores	R$ 30.000,00
Mercadorias	R$ 0,00		
Ativo Não Circulante			
Imobilizado		Patrimônio Líquido	
Máquinas	R$ 10.000,00	Capital Social	R$ 100.000,00
		Lucros Acumulados	R$ 20.000,00
Total	R$ 150.000,00	Total	R$ 150.000,00

Os lançamentos utilizados foram:
Aumento do ativo – caixa – R$ 50.000,00.
Diminuição do ativo – mercadorias – R$ 30.000,00.
Aumento do passivo – lucros acumulados – R$ 20.000,00.

Com essa transação, a conta caixa recebeu os R$ 50.000,00 da venda e passou a ficar com R$ 140.000,00, a conta mercadorias ficou zerada, pois todas as mercadorias foram vendidas, e surgiu no patrimônio líquido a conta lucros acumulados com saldo de R$ 20.000,00, que é o lucro obtido na transação (R$ 50.000,00 da venda, menos R$ 30.000,00 do custo das mercadorias vendidas).

Perceba que foram utilizados três lançamentos ao invés de dois. Isso não importa, desde que os valores dos aumentos de ativo sejam os mesmos dos aumentos de passivo, ou vice-versa. Podemos ter vários aumentos de ativo para somente um aumento de passivo, desde que os aumentos de ativo atinjam o mesmo montante do aumento de passivo e vice-versa.

O Balanço ficou agora com os totais do ativo e passivo no valor de R$ 150.000,00 e os sócios, além dos R$ 100.000,00 que colocaram inicialmente na empresa, passarão a ter direito sobre os R$ 20.000,00, desde que esse lucro seja destinado para o pagamento dos sócios. Perceba que, apesar de serem utilizadas três contas, os valores dos aumentos e diminuições de ativo e passivo sempre batem para equilibrar o balanço.

A lógica é que o Balanço Patrimonial sempre vai bater, pois é pura matemática. Sempre que um valor é incluído ou diminuído no ativo, uma conta no passivo sempre será alterada na mesma proporção. Ou, então, quando surge um valor no ativo, diminui-se o mesmo valor de uma outra conta do ativo, e assim por diante.

Essa é a metodologia das partidas dobradas. É muito simples, mas existe um fator que complica todo o entendimento, ou seja, os nomes que são dados para os aumentos e diminuições do ativo e do passivo.

Para que você consiga entender, sem vícios, o significado desses nomes, primeiramente vamos utilizar outros nomes que vão ajudar no entendimento.

Imaginemos que o ativo seja o lado azul e o passivo, o lado vermelho. Dessa forma, para se aumentar um ativo, temos que "azular" uma conta, e, para aumentar uma conta de passivo, temos que "avermelhar" uma conta. Para se diminuir as contas, basta fazer o contrário, isto é, "avermelhar" as contas do ativo e "azular" as conta do passivo. Resumidamente, podemos montar o seguinte quadro:

CONTAS	AUMENTAM	DIMINUEM
ATIVO	AZUL	VERMELHO
PASSIVO	VERMELHO	AZUL

Retomando o exemplo apresentado acima, teríamos:

1) **Constituição (integralização) do capital social**
   Azul – caixa – R$ 100.000,00.
   Vermelho – capital social – R$ 100.000,00.
2) **Compra de máquinas à vista em dinheiro**
   Azul – máquinas – R$ 10.000,00.
   Vermelho – caixa – R$ 10.000,00.
3) **Compra de mercadorias a prazo**
   Azul – mercadorias – R$ 30.000,00.
   Vermelho – fornecedores – R$ 30.000,00.
4) **Venda de mercadorias à vista com lucro e respectiva baixa nos estoques**
   Azul – caixa – R$ 50.000,00.
   Vermelho – mercadorias – R$ 30.000,00.
   Vermelho – lucros acumulados – R$ 20.000,00.

ATIVO (AZUL)		PASSIVO (VERMELHO)	
Ativo Circulante		Passivo Circulante	
Caixa	R$ 140.000,00	Fornecedores	R$ 30.000,00
Mercadorias	R$ 0,00		
Ativo Não Circulante			
Imobilizado		Patrimônio Líquido	
Máquinas	R$ 10.000,00	Capital Social	R$ 100.000,00
		Lucros Acumulados	R$ 20.000,00
Total	R$ 150.000,00	Total	R$ 150.000,00

Percebam que as contas do ativo sempre aumentam com azul e diminuem com vermelho e as contas do Passivo sempre aumentam com vermelho e diminuem com azul.

E se mudássemos esses nomes? Vamos supor que, em vez de azul e vermelho, o Ativo seja o lado do sol e o passivo, o lado da lua. Dessa forma, para se aumentar um ativo, temos que "solar" uma conta, e, para aumentar uma conta de passivo, temos que "luar" uma conta. Para se diminuir as contas, basta fazer novamente o contrário, isto é, "luar" as contas do ativo e "solar" as contas do passivo. Resumidamente, podemos montar o seguinte quadro:

CONTAS	AUMENTAM	DIMINUEM
ATIVO	SOL	LUA
PASSIVO	LUA	SOL

Retomando o exemplo apresentado acima, teríamos:

1) **Constituição (integralização) do capital social**
   Sol – caixa – R$ 100.000,00.
   Lua – capital social – R$ 100.000,00.
2) **Compra de máquinas à vista em dinheiro**
   Sol – máquinas – R$ 10.000,00.
   Lua – caixa – R$ 10.000,00.
3) **Compra de mercadorias a prazo**
   Sol – mercadorias – R$ 30.000,00.
   Lua – fornecedores – R$ 30.000,00.
4) **Venda de mercadorias à vista com lucro e respectiva baixa nos estoques**
   Sol – caixa – R$ 50.000,00.
   Lua – mercadorias – R$ 30.000,00.
   Lua – lucros acumulados – R$ 20.000,00.

ATIVO (SOL)			PASSIVO (LUA)		
Ativo Circulante			Passivo Circulante		
Caixa	R$	140.000,00	Fornecedores	R$	30.000,00
Mercadorias	R$	0,00			
Ativo Não Circulante					
Imobilizado			**Patrimônio Líquido**		
Máquinas	R$	10.000,00	Capital Social	R$	100.000,00
			Lucros Acumulados	R$	20.000,00
Total	**R$**	**150.000,00**	Total	**R$**	**150.000,00**

Percebam que a única alteração foi que, em vez de se utilizar azul, foi utilizado sol e, em vez de se utilizar vermelho, utilizou-se lua. Por que o resultado não foi alterado? Porque azul e vermelho e Sol e lua são apenas convenções.

Convenção é quando todo mundo "combina" chamar por um determinado nome alguma coisa e todos passam a considerar isso como certo. Por exemplo, por que chamamos porta de porta, sapato de sapato, gente de gente e assim por diante? Porque aprendemos que esses nomes correspondem a essas coisas. Se utilizássemos maçã e banana, mesa e cadeira, carro e moto, etc., a sistemática seria a mesma. E o que isso tem a ver com o método das partidas dobradas?

É que exatamente com relação à convenção da escolha dos nomes dos aumentos e diminuições dos ativos e passivos, encontra-se a maior dificuldade no entendimento desse método. Isso se deve ao fato de que o lado do ativo não é chamado de azul ou de sol, mas sim de DÉBITO, e o lado do passivo não é chamado de vermelho ou de lua, mas de CRÉDITO, e é aí que vem a confusão.

Os conceitos que temos formados em nossa cabeça sobre débito e crédito, é que débito é uma coisa ruim e crédito é uma coisa boa. Quando estamos devendo alguma coisa para alguém, dizemos que estamos em débito com essa pessoa, e, quando fazemos um favor para alguma pessoa, dizemos que temos um crédito com ela.

Na contabilidade, esses conceitos devem ser esquecidos, uma vez que os aumentos no ativo, que são coisas boas para as empresas, aumentam com DÉBITO e os aumentos de passivo, que representam obrigações, coisas ruins para as empresas, aumentam com CRÉDITO. Quando dizemos que uma conta é devedora, é porque o seu saldo está a débito, e não que a empresa esteja devendo esse valor (caixa é uma conta devedora, por exemplo). E quando dizemos que uma conta é credora, é porque o seu saldo está a crédito (Fornecedores é uma conta credora, por exemplo).

Porém, se refletirmos que isso não passa de uma mera convenção, podemos trabalhar o nosso cérebro com os dois conceitos. Quando não estamos tratando de contabilidade, débito é uma coisa ruim e crédito é uma coisa boa, caso contrário, débito será um aumento de ativo e crédito será um aumento de passivo.

Esse último parágrafo é a chave para todo o entendimento das partidas dobradas. Ter a consciência para distinguir os conceitos e saber que se trata meramente de uma convenção ajudará no ensino da contabilidade em qualquer área. O importante mesmo é lembrar que, para cada débito, sempre será lançada uma conta a crédito, e vice-versa.

Portanto, ajustando os nossos quadros para o débito e crédito, teremos:

CONTAS	AUMENTAM	DIMINUEM
ATIVO	DÉBITO	CRÉDITO
PASSIVO	CRÉDITO	DÉBITO

Ajustando os lançamentos, temos:

1) **Constituição (integralização) do Capital Social**
   Débito – caixa – R$ 100.000,00.
   Crédito – capital social – R$ 100.000,00.
2) **Compra de máquinas à vista em dinheiro**
   Débito – máquinas – R$ 10.000,00.
   Crédito – caixa – R$ 10.000,00.
3) **Compra de mercadorias a prazo**
   Débito – mercadorias – R$ 30.000,00.
   Crédito – fornecedores – R$ 30.000,00.
4) **Venda de mercadorias à vista com lucro e respectiva baixa nos estoques**
   Débito – caixa – R$ 50.000,00.
   Crédito – mercadorias – R$ 30.000,00.
   Crédito – lucros acumulados – R$ 20.000,00.

ATIVO (DÉBITO)		PASSIVO (CRÉDITO)	
Ativo Circulante		**Passivo Circulante**	
Caixa	R$ 140.000,00	Fornecedores	R$ 30.000,00
Mercadorias	R$ 0,00		
Ativo Não Circulante			
Imobilizado		**Patrimônio Líquido**	
Máquinas	R$ 10.000,00	Capital Social	R$ 100.000,00
		Lucros Acumulados	R$ 20.000,00
Total	**R$ 150.000,00**	**Total**	**R$ 150.000,00**

Na verdade, a última transação (a da venda) deve ser feita em dois momentos e não direto como foi feita, pois primeiro se deve registrar a venda da mercadoria em si (uma receita), e depois se deve dar a baixa nos estoques (custo), caso contrário, não se teria nenhum registro de receita e de custo, que são contas de resultado.

Dessa forma, pelo lançamento da venda, a conta caixa no ativo receberia os R$ 50.000,00 e, na Demonstração do Resultado do Exercício, surgiria uma conta de receita chamada vendas de mercadorias (ou, simplesmente, vendas), no mesmo valor, ficando positiva na Demonstração.

Pela baixa do estoque, surgiria também uma conta de resultado, chamada custo das mercadorias vendidas (CMV) no valor de R$ 30.000,00, ficando negativa na demonstração, e, em contrapartida, também seria reduzido esse valor da conta mercadorias, pela baixa da venda. Portanto, a Demonstração do Resultado do Exercício ficaria assim:

Receitas Brutas	**R$**	**50.000,00**
Vendas	R$	50.000,00
(–) Deduções	R$	0,00
(=) Receitas Líquidas	**R$**	**50.000,00**
(–) Custo das Mercadorias Vendidas	(R$	30.000,00)
(=) Lucro Bruto	**R$**	**20.000,00**

O lucro de R$ 20.000,00 precisa então ser transportado para a conta lucros acumulados, no patrimônio líquido, pois pertence aos sócios. Para se fazer essa transferência, primeiramente é preciso acumular em uma só conta todas as contas de resultado, para que seja possível conhecer o verdadeiro resultado (lucro ou prejuízo) do exercício.

A conta que vai receber esses valores pode ser chamada de apuração do resultado do exercício (ARE). Quando todos os valores do resultado estiverem nessa conta, o seu saldo é transportado para lucros acumulados.

Como foi estudado no capítulo "Demonstração do Resultado do Exercício (DRE)", essa demonstração é composta por receitas, custos e despesas. Para simplificação, o resultado do lucro bruto foi transportado para lucros acumulados, mas sabe-se que é a última linha, isto é, o lucro líquido que deve ter o valor transportado.

Como são utilizadas, além do ativo e passivo, contas de resultado, ou seja, receitas, custos e despesas, a sistemática do débito e crédito também é aplicada para essas contas, pois afetará sempre ou uma conta de ativo ou uma conta de passivo. Considerando as contas de resultado, o quadro completo do débito e crédito seria:

CONTAS	AUMENTAM	DIMINUEM
ATIVO	DÉBITO	CRÉDITO
PASSIVO	CRÉDITO	DÉBITO
RECEITAS	CRÉDITO	DÉBITO
CUSTOS	DÉBITO	CRÉDITO
DESPESAS	DÉBITO	CRÉDITO

Não tente decorar esse quadro, procure entendê-lo. Se ficar em dúvida no lançamento de uma receita ou despesa, pense primeiro na contrapartida.

Por exemplo: imaginemos que uma empresa realizou uma venda à vista de mercadorias no valor de R$ 1.000,00, e o dinheiro foi depositado no caixa. Qual conta deve ser debitada e qual conta deve ser creditada? Se não souber o que fazer com a conta Vendas, pense na contrapartida, ou seja, Caixa. Como o Caixa é Ativo e, portanto, aumenta com débito, logo a conta Vendas será crédito.

Débito – caixa – R$ 1.000,00.

Crédito – vendas – R$ 1.000,00.

E se, em vez de ter depositado no caixa, o dinheiro fosse depositado no banco? Como bancos também é uma conta de ativo, ficaria a débito e, novamente, Vendas ficaria a crédito.

Débito – bancos – R$ 1.000,00.
Crédito – vendas – R$ 1.000,00.

E se a empresa tivesse vendido a prazo, como ficaria? Seria gerado um direito a receber (clientes), que é um ativo e aumenta com débito e, novamente, a conta vendas seria a crédito.

Débito – clientes – R$ 1.000,00.
Crédito – vendas – R$ 1.000,00.

Mesmo que a empresa, em vez de vender uma mercadoria e receber em dinheiro, resolva receber em outro tipo de ativo, por exemplo, vender mercadorias e receber um veículo como pagamento, o lançamento a débito será um ativo ou uma redução de passivo, o que sempre resultará em um lançamento a crédito para as receitas. Por isso, dizemos que receita sempre será um crédito.

Se receita será sempre crédito, o contrário, despesa, será sempre débito. Basta lembrarmos que o "D" de despesa se refere ao "D" de débito. Mas vamos entender a lógica do porquê de despesa ser débito.

Vamos supor que chegue a conta de água da empresa no valor de R$ 100,00, que representa uma despesa, e a empresa resolva pagá-la em dinheiro. Qual conta deve ser debitada e qual deve ser creditada? Se não souber o que fazer com a conta despesa, pense na contrapartida, ou seja, na conta caixa.

Como caixa é ativo e, portanto, aumenta com débito e diminui com crédito, logo a conta de despesas será débito, pois, como o caixa diminuiu pela saída de dinheiro referente ao pagamento da conta de água, precisa ser creditado.

Débito – despesa com água – R$ 100,00.
Crédito – caixa – R$ 100,00.

E se a empresa resolvesse, em vez de pagar em dinheiro, pagar a conta utilizando o seu cartão do banco, como ficariam os lançamentos? Novamente, basta pensar que bancos é uma conta de ativo e, portanto, diminui com crédito, o que faz com que a conta de despesa seja novamente debitada.

Débito – despesa com água – R$ 100,00.
Crédito – bancos – R$ 100,00.

E se a empresa resolvesse não pagar a conta, como ficaria? Nesse caso, como a empresa não pagou a conta, deu origem a uma obrigação (contas a pagar), ou seja, um passivo. E passivo aumenta com crédito, o que leva a conta Despesas a ser novamente debitada.

Débito – despesa com água – R$ 100,00.
Crédito – contas a pagar – R$ 100,00.

As contas de despesas sempre serão debitadas, pois suas contrapartidas sempre serão diminuições de ativo ou aumentos de passivo, que representam um crédito.

Para as contas de custos é o mesmo raciocínio. Como um custo sempre se refere a uma baixa nos estoques, e esses são ativos e diminuem com crédito, as contas de custos sempre serão um débito. Por exemplo, se uma mercadoria avaliada em R$ 1.000,00 fosse vendida por R$ 1.200,00 à vista em dinheiro, os lançamentos ficariam assim:

Pelo reconhecimento da receita:
Débito – caixa – R$ 1.200,00.
Crédito – vendas – R$ 1.200,00.

Pela baixa nos estoques (ou em mercadorias):
Débito – custo das mercadorias vendidas (CMV) – R$ 1.000,00.
Crédito – estoques (ou mercadorias) – R$ 1.000,00.

Se ficar na dúvida, basta lembrar no sol e na lua que nunca mais esquecerá o método das partidas dobradas:

Contas	Aumentam	Diminuem
ativo	débit ✸	☾ rédito
passivo	☾ rédito	débit ✸
receitas	☾ rédito	débit ✸
custos	débit ✸	☾ rédito
despesas	débit ✸	☾ rédito

Imagine quantos lançamentos contábeis (compras, vendas, pagamentos, etc.) são realizados por dia em uma empresa. Olhando somente as demonstrações contábeis, não é possível verificar como foram compostos os saldos das contas. Ou seja, quais foram os acontecimentos que levaram a empresa a chegar àquela situação financeira.

Por isso são utilizados os livros contábeis responsáveis pelas informações analíticas da contabilidade, isto é, a informação nos seus mínimos detalhes. A seguir, serão apresentados o livro diário e o livro-razão.

Livro diário

Todas as transações comerciais e financeiras que ocorrem nas empresas são registradas no livro diário, dia a dia. O registro dessas transações é muito importante para vários usuários da contabilidade, pois possuem as informações detalhadas que darão origem às demonstrações contábeis.

Para que um lançamento possa ser considerado válido no livro diário, precisará de cinco itens obrigatórios: a data, a conta a ser debitada, a conta a ser creditada, o histórico da transação e o valor.

Por exemplo, vamos supor que a empresa pague no dia 10/1/2012 uma conta de energia elétrica, no valor de R$ 500,00, à vista em dinheiro. O lançamento no livro diário ficaria assim:

Data: 10/1/2012

Débito: despesa com energia elétrica

Crédito: caixa

Histórico: pagamento de energia elétrica, conforme recibo nº 12345

Valor: R$ 500,00

Para facilitar a elaboração dos exercícios acadêmicos, costuma-se simplificar esses elementos dessa forma:

10/1/2012 – D – Despesa com energia elétrica
a C – Caixa.. R$ 500,00

Perceba que o histórico foi desconsiderado, pois se subentende que, debitando uma conta de despesas como energia elétrica e creditando caixa, fica evidente que se trata de um pagamento de despesa à vista em dinheiro. Além disso, utiliza-se somente a inicial de débito e crédito, considerando que sempre se começa pelo débito e depois com o crédito. Um detalhe é a letra "a" para indicar que aquela conta é a credora. No lançamento acima, dizemos que foi despesa com energia elétrica "a" caixa.

Também é importante notar que, além da letra "a", o valor também aparece somente na conta credora. Não que o valor se refira somente a essa conta, mas, como será o mesmo para as duas contas, utiliza-se somente na segunda, ou seja, na credora.

É possível utilizar mais de uma conta a débito ou mais de uma conta a crédito em um único lançamento, desde que os valores a débito e a crédito estejam batendo. Nesse caso, todas as contas deverão receber valores.

Por exemplo: imagine que no exemplo acima, no dia 10/1/2012, além da conta de energia elétrica no valor de R$ 500,00, a empresa resolva pagar a conta de água no valor de R$ 300,00, também em dinheiro. Os lançamentos no livro diário poderiam ser feitos dessa forma:

10/1/2012 - D - Despesa com energia elétrica
a C - Caixa.. R$ 500,00
10/1/2012 - D - Despesa com água
a C - Caixa.. R$ 300,00

ou

10/1/2012 - D - Despesa com energia elétrica.. R$ 500,00
D - Despesa com água.................... R$ 300,00
a C - Caixa.. R$ 800,00

Na elaboração do livro diário, as informações no histórico devem ser bem detalhadas, apresentando, por exemplo, número de documentos, nome de pessoas, empresas relacionadas com a transação, etc. Quanto mais detalhadas forem as informações, maior será a riqueza da contabilidade e menor será a necessidade de ficar procurando documentos para auxiliar no entendimento de um determinado lançamento.

Atualmente, com os sistemas de informação utilizados pelas empresas, o livro diário é alimentado por informações de várias áreas: compras, vendas, departamento de pessoal, etc. Assim, as informações contábeis são geradas nos vários departamentos de empresa e exportadas para o livro diário. E tudo isso é feito de maneira rápida e sem rasuras.

Paralelamente à elaboração do livro diário, é realizada a elaboração do livro-razão, ou razonete. Se o livro diário registra todos os fatos ocorridos em determinado dia, o livro razão registra todas as transações ocorridas conta a conta.

Livro razão

Certa vez fui questionado por uma pessoa quando saía de uma sala de aula, por que havia desenhado tantos Ts na lousa; afinal, tratava-se de aula de contabilidade ou de desenho? E mais, como poderia uma pessoa gostar de uma profissão onde apareciam tantas contas e tantos números diferentes?

Não gastei mais do que cinco minutos para explicar a essa pessoa que se tratava de colocar várias contas com cada uma representando um elemento do patrimônio da empresa e que os valores eram somados de um lado e subtraídos do outro.

Pois é, se uma pessoa que nunca viu contabilidade entrar em uma aula em que na lousa estejam sendo feitos os livros diário e razão, com certeza desejará sair correndo de lá.

No entanto, o entendimento do livro razão é muito simples. Como ele totaliza todas as transações ocorridas conta por conta, seria representado dessa forma:

CONTA	SALDO INICIAL	MOVIMENTO A DÉBITO	MOVIMENTO A CRÉDITO	SALDO FINAL
Caixa	R$ 100,00D	R$ 500,00D	R$ 200,00C	R$ 400,00D
(...)				
Fornecedores	R$ 300,00C	R$ 50,00D	R$ 700,00C	R$ 950,00C
(...)				

As letras ao final de cada valor representam se o saldo é devedor ou credor. No exemplo acima, a conta caixa apresentava um saldo inicial de R$ 100,00 devedor, pois é uma conta de ativo, e ativo é o lado do débito. No período, foram feitos lançamentos a débito nessa conta no valor de R$ 500,00 e a crédito no valor de R$ 200,00. Como o saldo inicial era de R$ 100,00 devedor, com mais R$ 500,00 dos débitos, menos os R$ 200,00 dos créditos, o saldo final foi de R$ 400,00 devedor.

Para a conta fornecedores é a mesma coisa. Apresentava um saldo de R$ 300,00 credor, pois é uma conta de passivo, e passivo é o lado do crédito. No período, foram debitados R$ 50,00 nessa conta e creditados R$ 700,00. O saldo final foi de R$ 950,00 credor, pois tomou-se o saldo inicial de R$ 300,00 credor, diminuíram-se os R$ 50,00 do débito e somaram-se os R$ 700,00 do crédito.

A lógica está em tomar o saldo inicial e considerar as alterações a débito e a crédito, o que resultará no saldo final das contas.

Mas o que esse esquema tem a ver com os Ts comentados anteriormente? Podemos simplificar o livro razão para fins acadêmicos montando um pequeno Balanço Patrimonial para cada conta. Ou seja, desenhamos um T para cada conta representando um Balanço Patrimonial, isto é, o lado esquerdo representará o ativo (débito) e o lado direito, o passivo (crédito). Utilizando o exemplo anterior, ficaria assim:

CAIXA	
D	C
100,00	200,00
500,00	
400,00	

FORNECEDORES	
D	C
50,00	300,00
	700,00
	950,00

Perceba que a conta caixa ficou com saldo devedor porque pertence ao lado do débito no Balanço, e a fornecedores com saldo credor porque pertence ao lado do crédito.

Dessa forma, veja que não se fala em valores positivos ou negativos, mas em devedores e credores. Depois de apurados os saldos de todas as contas, basta colocá-las nos seus respectivos lugares nas demonstrações contábeis. Mas, imaginando que uma empresa tenha inúmeras contas, não iria ficar confuso esse esquema?

Na verdade não, pois é aconselhável que as contas sejam separadas entre contas de ativo, passivo e resultado, para que o Balanço Patrimonial e a Demonstração do Resultado do Exercício possam ser elaborados sem que haja equívocos na hora de classificar as contas.

Além do mais, para que a contabilidade esteja correta, com o Balanço Patrimonial batendo, é preciso transportar os valores das contas de resultado para a conta de lucros acumulados no patrimônio líquido. Sem a devida separação das contas, pode acontecer de transportar valores de forma equivocada. Esse processo é feito através do "zeramento" das contas de resultado.

Basicamente, para elaborar a escrituração dos livros diário e razão e, em consequência, apresentar as demonstrações contábeis, é preciso seguir quatro passos fundamentais.

1º) Registro de todos os lançamentos nos livros diário e razão.
2º) Zeramento das contas de resultado com a conta apuração do resultado do exercício (ARE).
3º) Transporte do saldo da conta ARE para lucros acumulados no patrimônio líquido.
4º) Elaborar as demonstrações contábeis.

Todos os lançamentos, inclusive os do zeramento e do transporte do saldo para lucros acumulados, precisam ser também considerados nos livros diário e razão.

O zeramento se faz necessário pelo fato de que o resultado (lucro ou prejuízo) somente aparecerá para ser transportado para lucros acumulados se confrontarmos todas as contas de resultado com a conta ARE. Caso isso não seja feito, não haverá como realizar o lançamento para lucros acumulados, visto que o resultado é composto por várias contas e, como para cada débito é preciso ter um crédito, o lançamento não seria possível.

Para facilitar o entendimento, a seguir teremos um exercício resolvido em que serão realizados os lançamentos contábeis nos livros diário e razão e elaborados o Balanço Patrimonial e a Demonstração do Resultado do Exercício.

Exercício resolvido

A empresa Completa S. A., em 31/12/2011, apresenta o seguinte Balanço Patrimonial:

ATIVO			PASSIVO		
Ativo Circulante			Passivo Circulante		
Caixa	R$	90.000,00	Fornecedores	R$	30.000,00
Mercadorias	R$	30.000,00			
Ativo Não Circulante					
Imobilizado			Patrimônio Líquido		
Máquinas	R$	10.000,00	Capital Social	R$	100.000,00
Total	**R$**	**130.000,00**	**Total**	**R$**	**130.000,00**

No mês de janeiro de 2012, ocorreram os seguintes fatos:

Dia 1/1 – A empresa comprou um veículo no valor de R$ 25.000,00, à vista em dinheiro.

Dia 5/1 – A empresa comprou mercadorias para revenda no valor de R$ 20.000,00, à vista em dinheiro.

Dia 15/1 – A empresa pagou R$ 10.000,00 para seus fornecedores.

Dia 20/1 – A empresa realizou uma venda no valor de R$ 15.000,00, e o dinheiro foi depositado no caixa.

Dia 25/1 – Venceu a conta de energia elétrica no valor de R$ 1.000,00, mas a empresa ainda não pagou.

Dia 28/1 – Venceu a conta de água no valor de R$ 500,00, e a empresa pagou em dinheiro.

Dia 31/1 – Os sócios realizaram a contagem física do estoque e verificaram que o estoque final estava avaliado em R$ 40.000,00.

Pede-se: realize os lançamentos nos livros diário e razão e elabore o Balanço Patrimonial e a Demonstração do Resultado do Exercício.

Resolução

Inicialmente, para resolver esse exercício, é preciso montar os razonetes dos saldos já existentes do Balanço Patrimonial; afinal, é o patrimônio da empresa na data do início do exercício:

ATIVO

CAIXA

D	C
90.000,00	

MERCADORIAS

D	C
30.000,00	

MÁQUINAS

D	C
10.000,00	

PASSIVO

FORNECEDORES

D	C
	30.000,00

CAPITAL SOCIAL

D	C
	100.000,00

Agora, o primeiro passo é o registro de todos os lançamentos nos livros diário e razão, simultaneamente. Considerando as informações do exercício, os razonetes e o livro diário ficam assim:

Livro razão

ATIVO

CAIXA

D	C
90.000,00	25.000,00
15.000,00	20.000,00
	10.000,00
	500,00

MERCADORIAS

D	C
30.000,00	10.000,00
20.000,00	

MÁQUINAS

D	C
10.000,00	

VEÍCULOS

D	C
25.000,00	

PASSIVO

FORNECEDORES

D	C
10.000,00	30.000,00

CAPITAL SOCIAL

D	C
	100.000,00

CONTAS A PAGAR

D	C
	1.000,00

RESULTADO

VENDA

D	C
	15.000,00

DESP. E. ELÉTRICA

D	C
1.000,00	

DESP. ÁGUA

D	C
500,00	

CMV

D	C
10.000,00	

Livro diário

Dia 1/1 – D – Veículo
a C – Caixa...R$ 25.000,00

Dia 5/1 – D – Mercadorias
a C – Caixa...R$ 20.000,00

Dia 15/1 D – Fornecedores
a C – Caixa...R$ 10.000,00

Dia 20/1– D – Caixa
a C – Venda...R$ 15.000,00

Dia 25/1– D – Despesa com energia elétrica
a C – Contas a pagar.................................R$ 1.000,00

Dia 28/1- D - Despesas com água
a C - Caixa..R$ 500,00

Dia 31/1- D - CMV
a C - Mercadorias.....................................R$ 10.000,00

O último lançamento, o do custo das mercadorias vendidas (CMV), é responsável pela baixa nos estoques referente à venda de mercadorias do dia 20/1. Quando as mercadorias foram vendidas, registrou-se somente a venda em si, mas o valor das mercadorias que foi retirado dos estoques para se vender por R$ 15.000,00 não foi computado.

Assim, é preciso que a empresa saiba quanto sobrou de estoque no final do mês (inventário físico), para, através de dedução, chegar ao montante do CMV. Se ela tinha R$ 30.000,00 de estoque inicial e comprou mais R$ 20.000,00 no mês, ficou com R$ 50.000,00 à disposição para vender. Como no final do mês restaram apenas R$ 40.000,00, a diferença, isto é, R$ 10.000,00, é o CMV. Ele também pode ser encontrado utilizando a fórmula:

CMV = Estoque Inicial (EI) + Compras (C) – Estoque Final (EF)

Ou seja:

CMV = R$ 30.000,00 + 20.000,00 – R$ 40.000,00
CMV = R$ 10.000,00

Então, é como se a empresa tivesse pegado R$ 10.000,00 de mercadorias no seu estoque e vendido por R$ 15.000,00. O lucro de R$ 5.000,00 ficará evidenciado na DRE no lucro bruto. Desse lucro, ainda seriam subtraídas as despesas com energia elétrica e água, nos valores de R$ 1.000,00 e R$ 500,00, respectivamente. O lucro final, ou lucro líquido, é de R$ 3.500,00 (R$ 5.000,00 - R$ 1.000,00 - R$ 500,00), e deve ser transportado para a conta lucros acumulados no patrimônio líquido.

Porém, não existe nenhuma conta no valor de R$ 3.500,00 para ser utilizada nessa transação. Isso porque esse valor somente aparecerá se confrontarmos as receitas, os custos e as despesas. Com a conta do resultado do exercício. Por isso, torna-se necessário fazer o zeramento das contas de resultado, que é o segundo passo para terminar o exercício.

O procedimento é bem simples. Será criada uma conta de resultado chamada apuração do resultado do exercício (ARE), para a qual os valores das outras contas de resultado serão transportados. Para se transportar as contas devedoras, basta debitar a conta ARE e creditar essas contas, e, para transportar as contas credoras, basta creditar ARE e debitar essas contas. Todos os lançamentos são realizados no último dia.

Dessa forma, os lançamentos de zeramento no livro diário e os respectivos razonetes ficam assim:

Livro diário

Dia 31/1 – D – Vendas
a C – ARE .... R$ 15.000,00

Dia 31/1 – D – ARE
a C – Despesa com energia elétrica .... R$ 1.000,00

Dia 31/1 – D – ARE
a C – Despesa com água .... R$ 500,00

Dia 31/01 – D – ARE
a C – CMV .... R$ 10.000,00

Livro razão

VENDA

D	C
15.000,00	15.000,00

DESP. E. ELÉTRICA

D	C
1.000,00	1.000,00

DESP. ÁGUA

D	C
500,00	500,00

CMV

D	C
10.000,00	10.000,00

ARE

D	C
10.000,00	15.000,00
1.000,00	
500,00	
	3.500,00

Perceba que os R$ 3.500,00 do lucro agora ficaram em uma única conta, e já podem ser transportados para a conta lucros acumulados, que é o terceiro passo para terminar o exercício. O saldo ficou credor, porque as receitas foram maiores que os custos e as despesas, isto é, obteve-se um lucro.

Se acontecesse o contrário, o saldo ficaria devedor e a empresa teria um prejuízo, sendo o transporte realizado para uma conta do patrimônio líquido chamada prejuízos acumulados.

Para transportar o saldo da conta ARE para lucros acumulados, basta debitar a conta ARE e creditar a conta lucros acumulados. Como a conta ARE também é uma conta de resultado, todas as contas de resultado ficaram zeradas nesse momento. Esse lançamento apareceria no diário dessa forma:

Dia 31/1 – D – ARE
a C – lucros acumulados............R$ 3.500,00

Agora, basta totalizar os razonetes e montar as demonstrações contábeis, que é o quarto e último passo para finalizar o exercício. Os saldos finais dos razonetes ficam assim:

ATIVO

CAIXA

D	C
90.000,00	25.000,00
15.000,00	20.000,00
	10.000,00
	500,00
49.500,00	

MERCADORIAS

D	C
30.000,00	10.000,00
20.000,00	
40.000,00	

MÁQUINAS

D	C
10.000,00	
10.000,00	

VEÍCULOS

D	C
25.000,00	
25.000,00	

PASSIVO

FORNECEDORES

D	C
10.000,00	30.000,00
	20.000,00

CAPITAL SOCIAL

D	C
	100.000,00
	100.000,00

CONTAS A PAGAR

D	C
	1.000,00
	1.000,00

LUCROS ACUMULADOS

D	C
	3.500,00
	3.500,00

RESULTADO

VENDA

D	C
15.000,00	15.000,00
//	

DESP. E. ELÉTRICA

D	C
1.000,00	1.000,00
//	

DESP. ÁGUA

D	C
500,00	500,00
//	

CMV

D	C
10.000,00	10.000,00
//	

ARE

D	C
10.000,00	15.000,00
1.000,00	
500,00	
3.500,00	3.500,00
//	

Perceba que todas as contas de resultado ficaram zeradas e os R$ 3.500,00 que havia de saldo em ARE foram transportados para a conta lucros acumulados.

É comum os alunos perguntarem: "Professor, por que as contas de resultado precisam ser zeradas? Por que devemos sumir com essas contas?".

Não se trata de sumir com as contas de resultado, mas, sim, utilizar os seus saldos para compor o resultado do período, e, como esse resultado pertence aos sócios, é preciso transportá-lo para o patrimônio líquido. É como se todas as contas da DRE estivessem resumidas em uma única conta no patrimônio líquido.

Independente da quantidade de contas e do porte da empresa, o método das partidas dobradas vai ser sempre o mesmo; aliás, desde que Luca Pacioli o desenvolveu, permaneceu praticamente inalterado.

Para executar essa sistemática, são utilizadas apenas operações de adição e subtração. Em vez de se trabalhar com números positivos e negativos, são utilizados os termos débito e crédito.

O principal fator para o seu entendimento, com certeza, é a consciência de que as nomenclaturas "débito e crédito" são apenas convenções, e que seus conceitos são bem diferentes dos utilizados no dia a dia das pessoas.

Com os livros diário e razão encerrados, basta montar o Balanço Patrimonial e a Demonstração do Resultado do Exercício utilizando os valores dos razonetes.

BALANÇO PATRIMONIAL
findo em 31 de janeiro de 2012

ATIVO			PASSIVO		
Ativo Circulante			Passivo Circulante		
Caixa	R$	49.500,00	Fornecedores	R$	20.000,00
Mercadorias	R$	40.000,00	Contas a Pagar	R$	1.000,00
Ativo Não Circulante					
Imobilizado			Patrimônio Líquido		
Máquinas	R$	10.000,00	Capital Social	R$	100.000,00
Veículos	R$	25.000,00	Lucros Acumulados	R$	3.500,00
Total	**R$**	**124.500,00**	**Total**	**R$**	**124.500,00**

DEMONSTRAÇÃO DOS RESULTADOS DO EXERCÍCIO
janeiro de 2012

Receitas Brutas	**R$ 15.000,00**
(+) Vendas de Mercadorias	R$ 15.000,00
(–) Deduções	**0**
(=) Receita Líquida	**R$ 15.000,00**
(–) CMV	R$ 10.000,00
(=) Lucro Bruto	**R$ 5.000,00**
(–) Despesas Operacionais	**R$ 1.500,00**
(–) Despesa com Energia Elétrica	R$ 1.000,00
(–) Despesa com Água	R$ 500,00
(=) Lucro Líquido	**R$ 3.500,00**

O Imposto de Renda e a Contribuição Social

No exercício anterior, não foram contemplados os impostos. Como foi visto no capítulo "Demonstração do Resultado do Exercício (DRE)", existem impostos que incidem sobre o faturamento (receita), que são evidenciados no grupo das deduções de receita, e impostos que incidem sobre o lucro, como o imposto de renda das pessoas jurídicas (IRPJ) e a contribuição social sobre o lucro líquido (CSLL), cujas alíquotas são de 15% e 9%, respectivamente.

Neste livro, não se pretende abordar como os impostos são apurados, pois se trata de um livro de iniciação. Além disso, no Brasil, as legislações são muito extensas e mudam com uma velocidade incrível.

Apenas para explicar melhor a questão do lucro que foi transportado para lucros acumulados, sabe-se que o valor a ser transportado é o da última linha da DRE, isto é, o lucro líquido. No exercício, como não havia nem IRPJ nem CSLL, o lucro antes dos impostos (lucro antes do imposto de renda e da contribuição social - Laircs) e o lucro líquido foram iguais.

Também foi comentado no capítulo sobre os tipos de empresas e as modalidades de tributação que tanto o IRPJ como a CSLL são calculados de maneira extracontábil em um livro fiscal chamado livro de apuração do lucro real - Lalur.

Apenas para verificar como ficaria nossa contabilidade caso fossem contemplados esses dois impostos, vamos supor que o lucro de R$ 3.500,00 fosse utilizado como base de cálculo dos impostos.

O valor do IRPJ seria de R$ 525,00 (R$ 3.500,00 x 15%) e o da CSLL seria de R$ 315,00 (R$ 3.500,00 x 9%). Dessa forma, o lucro líquido da empresa passaria a ser de R$ 2.660,00 (R$ 3.500,00 - R$ 525,00 - R$ 315,00), pois esses impostos são considerados despesas, o que diminui o lucro.

Esses impostos sempre são calculados no final do período, mas pagos no período seguinte: o IRPJ e a CSLL de dezembro são sempre calculados em dezembro, mas pagos em janeiro, pois o cálculo é realizado no último dia do período.

Assim, realiza-se primeiramente uma provisão dos impostos e, quando ocorrer o pagamento, faz-se a baixa. As provisões são contas de resultado e geram uma contrapartida no passivo, pois são obrigações que a empresa estima ter no futuro. Os lançamentos no livro diário ficariam assim:

Dia 31/1 - D - Provisão para IRPJ (DRE)
a C - IRPJ a recolher (PC)............ R$ 525,00

Dia 31/1 - D - Provisão para CSLL (DRE)
a C - CSLL a recolher (PC).......... R$ 315,00

Como as provisões são contas de resultado, também precisam passar pelo processo de zeramento das contas. Caso elas fossem consideradas pelo exercício, os razonetes ficariam assim:

VENDA

D	C
15.000,00	15.000,00

DESP. E. ELÉTRICA

D	C
1.000,00	1.000,00

DESP. ÁGUA

D	C
500,00	500,00

CVM

D	C
10.000,00	10.000,00

PROVISÃO IRPJ

D	C
525,00	525,00

PROVISÃO CSLL

D	C
315,00	315,00

ARE

D		C	
	10.000,00	15.000,00	
	1.000,00		
	500,00		
Prov. IRPJ	525,00	3.500,00	LAIRCS
Prov. CSLL	315,00		
	2.660,00	2.660,00	L. Líquido

Note que o valor correto a ser transportado para lucros acumulados passou a ser os R$ 2.660,00, pois as contas de provisão foram também zeradas pela conta ARE. Portanto, com essas alterações, o Balanço Patrimonial e a DRE ficariam assim:

BALANÇO PATRIMONIAL
findo em 31 de janeiro de 2012

ATIVO		PASSIVO	
Ativo Circulante		**Passivo Circulante**	
Caixa	R$ 49.500,00	Fornecedores	R$ 20.000,00
Mercadorias	R$ 40.000,00	Contas a Pagar	R$ 1.000,00
Ativo Não Circulante		IRPJ a Recolher	R$ 525,00
Imobilizado		CSLL a Recolher	R$ 315,00
Máquinas	R$ 10.000,00	**Patrimônio Líquido**	
Veículos	R$ 25.000,00	Capital Social	R$ 100.000,00
		Lucros Acumulados	R$ 2.660,00
Total	**R$ 124.500,00**	**Total**	**R$ 124.500,00**

DEMONSTRAÇÃO DO RESULTADO DO EXERCÍCIO
janeiro de 2012

Receitas Brutas	**R$ 15.000,00**
(+) Vendas de Mercadorias	R$ 15.000,00
(–) **Deduções**	0
(=) **Receita Líquida**	**R$ 15.000,00**
(–) CMV	R$ 10.000,00
(=) **Lucro Bruto**	**R$ 5.000,00**
(–) **Despesas Operacionais**	**R$ 1.500,00**
(–) Despesa com Energia Elétrica	R$ 1.000,00
(–) Despesa com Água	R$ 500,00
(=) **Lucro Antes dos Impostos**	**R$ 3.500,00**
(–) Provisão IRPJ	R$ 525,00
(–) Provisão CSLL	R$ 315,00
(=) **Lucro Líquido**	**R$ 2.660,00**

O importante é lembrar que IRPJ e CSLL são impostos sobre o lucro, devendo ser evidenciados logo abaixo do lucro antes dos impostos. Impostos como IPI, ISSQN, ICMS, PIS e Cofins incidem sobre o faturamento, devendo ser evidenciados no grupo das deduções de receita.

Quando a empresa for pagar esses impostos, basta pegar as contas do passivo e fazer a contrapartida com a conta do ativo correspondente à saída do dinheiro (caixa ou bancos). No exemplo anterior, vamos supor que a empresa pague os dois impostos no dia 28/2 em dinheiro. Os lançamentos utilizados no livro diário seriam:

Dia 28/2 - D - IRPJ a recolher (PC)
a C - Caixa (AC).................... R$ 525,00

Dia 28/2 - D - CSLL a recolher (PC)
a C - Caixa (AC).................... R$ 315,00

O plano de contas

O plano de contas é o instrumento principal para a realização dos lançamentos contábeis. É através dele que as demonstrações contábeis são estruturadas. Um simples erro no local onde uma conta é inserida pode comprometer toda a contabilidade.

Podemos definir plano de contas como um conjunto ordenado e racional de todas as contas que serão utilizadas pelos lançamentos contábeis. Cada conta receberá uma única identificação.

Ele deve ser flexível, de modo a possibilitar a inclusão de futuras contas que a empresa ainda não utiliza no momento.

No sistema de identificação das contas são utilizados vários níveis, com cada nível representando um grupo de contas e sendo separado por um ponto. Por exemplo: vamos imaginar que o primeiro grupo de contas é o do ativo, portanto, começará com o número 1, assim como todas as contas que o compõem.

1. ATIVO

Dentro do ativo, existem os subgrupos do ativo circulante e do não Circulante. Eles estarão no segundo nível de contas:

1. ATIVO
1.1 ATIVO CIRCULANTE
1.2 ATIVO NÃO CIRCULANTE

Em cada um desses subgrupos também existem outros subgrupos, como, no caso do ativo circulante, o disponível, créditos, estoques e despesas antecipadas, e, no caso do não circulante, ativo realizável a longo prazo, investimentos, imobilizado e intangível. Esses outros subgrupos estarão no terceiro nível de contas:

1. ATIVO
1.1 ATIVO CIRCULANTE
1.1.1 DISPONÍVEL
1.1.2 CRÉDITOS
1.1.3 ESTOQUES
1.1.4 DESPESAS ANTECIPADAS
1.2 ATIVO NÃO CIRCULANTE
1.2.1 ATIVO REALIZÁVEL A LONGO PRAZO
1.2.2 INVESTIMENTOS
1.2.3 IMOBILIZADO
1.2.4 INTANGÍVEL

Os subgrupos do nível 3 ainda podem ter várias categorias de contas. Por exemplo, no disponível, podemos ter caixa, bancos e aplicações de liquidez imediata, o que resultaria no quarto nível de contas. Como pode haver várias categorias, é preciso trabalhar com mais de um número ou dígito. Vamos utilizar apenas dois:

1. ATIVO
    1.1 ATIVO CIRCULANTE
        1.1.1 DISPONÍVEL
            1.1.1.01 CAIXA
            1.1.1.02 BANCOS
            1.1.1.03 APLICAÇÕES DE LIQUIDEZ IMEDIATA
        1.1.2 CRÉDITOS
        1.1.3 ESTOQUES
        1.1.4 DESPESAS ANTECIPADAS
    1.2 ATIVO NÃO CIRCULANTE
        1.2.1 ATIVO REALIZÁVEL A LONGO PRAZO
        1.2.2 INVESTIMENTOS
        1.2.3 IMOBILIZADO
        1.2.4 INTANGÍVEL

Nenhuma das contas criada até aqui é utilizada para fazer lançamentos, pois sua finalidade é apenas receber os totais, ou seja, cada uma irá totalizar as contas de níveis inferiores aos dela e encaminhar os saldos para as contas de nível superior. Essas contas são chamadas de contas sintéticas.

As contas que irão receber lançamentos são chamadas de analíticas e sempre estarão no último nível de contas; nesse caso, no quinto nível. Pela infinidade de contas, esse nível possui uma maior quantidade de casas numéricas. Vamos utilizar apenas quatro, pois, com isso, podem-se incluir até 9.999 contas. Dessa forma, o nosso plano de contas com a conta caixa ficaria assim:

1. ATIVO
    1.1 ATIVO CIRCULANTE
        1.1.1 DISPONÍVEL
            1.1.1.01 CAIXA
                1.1.1.01.0001 CAIXA GERAL
            1.1.1.02 BANCOS
            1.1.1.03 APLICAÇÕES DE LIQUIDEZ IMEDIATA
        1.1.2 CRÉDITOS
        1.1.3 ESTOQUES
        1.1.4 DESPESAS ANTECIPADAS
    1.2 ATIVO NÃO CIRCULANTE
        1.2.1 ATIVO REALIZÁVEL A LONGO PRAZO
        1.2.2 INVESTIMENTOS
        1.2.3 IMOBILIZADO
        1.2.4 INTANGÍVEL

O raciocínio é simples. As contas do quinto nível serão somadas pelas contas do quarto nível, que serão somadas pelas do terceiro, que serão somadas pelas do segundo e que serão somadas pelas do primeiro. Os computadores elaboram a contabilidade rapidamente, pois apenas vão compilando esses totais. É por isso que, se errarmos na elaboração do plano de contas, a contabilidade também sairá errada. O computador não conseguirá perceber que uma conta está cadastrada em um grupo diferente de contas.

Um plano de contas pode ter três, quatro, cinco, seis, quantos níveis de contas forem necessários. O bom é observar a questão da praticidade. Planos de contas com poucos níveis podem não proporcionar uma boa divisão entre os grupos de contas e planos de contas com um número exagerado de níveis podem dificultar a digitação dos lançamentos e complicar a identificação das contas nos grupos. O ideal é usar o bom senso na escolha da quantidade de níveis e procurar adaptar o número correto para a especificidade da empresa.

Para continuar cadastrando as contas, basta seguir o mesmo raciocínio. Se agora quisermos incluir uma conta do imobilizado – por exemplo, um prédio comercial –, o plano ficaria assim:

1. ATIVO
    1.1 ATIVO CIRCULANTE
        1.1.1 DISPONÍVEL
            1.1.1.01 CAIXA
                1.1.1.01.0001 CAIXA GERAL
            1.1.1.02 BANCOS
            1.1.1.03 APLICAÇÕES DE LIQUIDEZ IMEDIATA
        1.1.2 CRÉDITOS
        1.1.3 ESTOQUES
    1.2 ATIVO NÃO CIRCULANTE
        1.2.1 ATIVO REALIZÁVEL A LONGO PRAZO
        1.2.2 INVESTIMENTOS
        1.2.3 IMOBILIZADO
            1.2.3.01 BENS IMÓVEIS
                1.2.3.01.0001 PRÉDIO COMERCIAL
        1.2.4 INTANGÍVEL

Se quisermos continuar incluindo bens imóveis, como um terreno, por exemplo, basta utilizar o quinto nível:

1. ATIVO
    1.1 ATIVO CIRCULANTE
        1.1.1 DISPONÍVEL
            1.1.1.01 CAIXA
                1.1.1.01.0001 CAIXA GERAL
            1.1.1.02 BANCOS
            1.1.1.03 APLICAÇÕES DE LIQUIDEZ IMEDIATA
        1.1.2 CRÉDITOS
        1.1.3 ESTOQUES
        1.1.4 DESPESAS ANTECIPADAS
    1.2 ATIVO NÃO CIRCULANTE
        1.2.1 ATIVO REALIZÁVEL A LONGO PRAZO
        1.2.2 INVESTIMENTOS
        1.2.3 IMOBILIZADO

1.2.3.01 BENS IMÓVEIS
1.2.3.01.0001 PRÉDIO COMERCIAL
1.2.3.01.0002 TERRENOS
1.2.4 INTANGÍVEL

O importante é sempre seguir a hierarquia das contas. Para criar uma conta de quinto nível é preciso primeiro criar uma conta de quarto nível. Para criar uma conta de quarto nível, é preciso primeiro criar uma conta de terceiro nível, e assim por diante.

Para finalizar o plano de contas, o passivo começaria com 2 e as contas de resultado com 3. Essa codificação do plano de contas é necessária para fazer os lançamentos contábeis no livro diário, pois as contas são identificadas pelos seus códigos e não pela sua nomenclatura.

Não existe um plano de contas padrão, com níveis de contas padrão a serem utilizados pelas empresas. Um plano de contas só não pode ir de encontro às normas contábeis que determinam como devem ser estruturadas as demonstrações contábeis.

Porém, para atender aos efeitos fiscais estabelecidos pelo sistema público de escrituração digital (SPED), pelo qual as empresas precisam enviar para o governo seus lançamentos contábeis de maneira padronizada, criou-se um plano de contas referencial, que pudesse ser utilizado por qualquer tipo de empresa.

Dessa forma, as empresas adaptaram seus planos de contas de acordo com o plano de contas referencial do SPED. Apenas para verificar como ele é formatado, mostramos a seguir o primeiro grupo de suas contas:

1; ATIVO; S

1.01; CIRCULANTE; S

1.01.01; DISPONIBILIDADES; S

1.01.01.01.00; Caixa; A

1.01.01.02.00; Bancos; A

1.01.01.03.00; Recursos no exterior decorrentes de exportação; A

1.01.01.04.00; Contas bancárias – Subvenções; A

1.01.01.05.00; Contas bancárias - Doações; A
1.01.01.06.00; Contas bancárias - Outros Recursos Sujeitos a Restrições; A
1.01.01.07.00; Títulos e valores mobiliários; A
1.01.01.07.01; Valores mobiliários - Mercado de capitais interno; A
1.01.01.07.02; Valores mobiliários - Mercado de capitais Externo; A
1.01.01.08.00; Valores mobiliários - Aplicações de subvenções; A
1.01.01.09.00; Valores mobiliários - Aplicações de doações; A
1.01.01.10.00; Valores mobiliários - Aplicações de outros recursos sujeitos a restrições; A
1.01.01.11.00; Outras; A

Perceba que o ativo começa com 1, assim como todas as contas que o compõem. Foram utilizados cinco níveis de contas, e cada nível possui dois dígitos, com exceção do primeiro, que possui apenas um dígito.

Na frente da nomenclatura de cada conta ainda aparece a letra "A" indicando que as contas são do tipo analítica, ou a letra "S" indicando que são sintéticas.

EXERCÍCIOS

1) A empresa Introdutória Ltda. foi constituída em 1/1/2012 por dois sócios, cada um contribuindo com R$ 50.000,00 em dinheiro. No mês de janeiro de 2012 aconteceram os seguintes fatos:

   Dia 5/1 – Compra de mercadoria à vista e em dinheiro no valor de R$ 40.000,00.

   Dia 10/1 – Venda de R$ 25.000,00 dessas mercadorias por R$ 50.000,00.

Dia 15/1 – A conta de energia elétrica de R$ 3.000,00 venceu, mas a empresa não pagou.

Dia 20/1 – A empresa pagou a conta de água com dinheiro, no valor de R$ 7.000,00.

Dia 27/1 – A empresa paga salários no valor de R$ 10.000,00 com dinheiro.

Elabore o Balanço Patrimonial em 31/1/2012 e a DRE de janeiro de 2012. Depois, responda às questões abaixo: existe somente uma alternativa válida para cada questão.

1.1) Qual é o valor do ativo circulante?

a) 100.000,00 c) 93.000,00
b) 105.000,00 d) 108.000,00

1.2) Qual é o valor do patrimônio líquido?

a) 5.000,00 c) 115.000,00
b) 100.000,00 d) 105.000,00

1.3) Qual é o valor do lucro bruto?

a) 25.000,00 c) 45.000,00
b) 50.000,00 d) 5.000,00

1.4) Qual é o valor do lucro líquido?

a) 10.000,00 c) 25.000,00
b) 15.000,00 d) 5.000,00

1.5) Qual é o valor total do Passivo?

a) 103.000,00 c) 105.000,00
b) 100.000,00 d) 108.000,00

2) Considerando cada item isoladamente, realize os lançamentos no livro diário:

a) Compra de mercadoria à vista em dinheiro, por R$ 5.000,00.
b) Aquisição de um imóvel no valor de R$ 100.000,00, pago à vista em dinheiro.

c) Venda a prazo no valor de R$ 2.000,00.

d) Pagamento de contas vencidas no valor de R$ 500,00, com cheque.

e) Reconhecimento dos salários dos funcionários no valor de R$ 7.000,00, mas a empresa ainda não paga.

f) A empresa gastou R$ 2.000,00 com propaganda e pagou à vista em dinheiro.

g) Provisão para Imposto de renda no valor de R$ 750,00.

h) Reconhecimento da despesa de depreciação dos imóveis no valor de R$ 10.000,00.

3) Preencha o quadro a seguir:

CONTAS	AUMENTAM	DIMINUEM
ATIVO		
PASSIVO		
RECEITAS		
CUSTOS		
DESPESAS		

4) Considere o Balanço Patrimonial a seguir, referente ao mês de janeiro de 2009:

ATIVO			PASSIVO		
Ativo Circulante			Passivo Circulante		
Caixa	R$	49.500,00	Fornecedores	R$	20.000,00
Mercadorias	R$	40.000,00	Contas a Pagar	R$	1.000,00
Não Circulante					
Imobilizado			Patrimônio Líquido		
Máquinas	R$	10.000,00	Capital Social	R$	100.000,00
Veículos	R$	25.000,00	Lucros Acumulados	R$	3.500,00
Total	R$	124.500,00	Total	R$	124.500,00

No mês de fevereiro de 2012, ocorreram os seguintes fatos contábeis:

Dia 3/2 – A empresa paga os seus fornecedores com dinheiro do caixa.

Dia 7/2 – A empresa abre uma conta no banco, para a qual transfere R$ 9.500,00.

Dia 9/2 – A empresa paga suas contas vencidas em dinheiro.

Dia 15/2 – A empresa compra mercadorias para revenda no valor de R$ 5.000,00, e paga à vista em dinheiro.

Dia 18/2 – A empresa realiza uma venda a prazo (45 dias), no valor de R$ 12.000,00.

Dia 24/2 – Vence a conta de energia elétrica no valor de R$ 800,00, mas a empresa não a paga.

Dia 27/2 – Vence a conta de água no valor de R$ 300,00 e a empresa paga com seu cartão do banco.

Dia 28/2 – São apurados os salários dos funcionários no valor de R$ 900,00, mas a empresa deixa para pagar no começo do mês seguinte.

Dia 28/2 – É realizada a contagem física do estoque que apura o montante de R$ 38.000,00.

Realize os lançamentos nos livros diário e razão e elabore o Balanço Patrimonial e a Demonstração do Resultado do Exercício para o mês de fevereiro, sabendo-se que, caso a empresa obtenha lucro, será tributada em 15% referente ao imposto de renda e 9% referente à contribuição social.

5) Refaça o exercício anterior considerando que, no dia 28/2, a empresa tenha ainda uma despesa de aluguel no valor de R$ 4.000,00, e paga à vista em dinheiro.

6) Para a questão 4, elabore um plano de contas contendo todas as contas que foram utilizadas.

CAPÍTULO 10

Iniciação à análise das demonstrações contábeis

Para se tomar uma boa decisão, é preciso analisar o maior número possível de informações úteis dentro do espaço de tempo abrangido pela decisão. A gama de informações geradas pelas demonstrações contábeis é muito grande, e isso pode comprometer o usuário da contabilidade na hora em que esteja tomando a decisão.

Uma ferramenta utilizada para sintetizar as informações contábeis é conhecida como análise das demonstrações contábeis, ou análise financeira. Ela tem como objetivo sintetizar as informações contidas nas demonstrações contábeis, apresentando-as em forma de porcentagens e indicadores.

Com essa metodologia, é possível montar rapidamente um painel de informações que demonstre a situação financeira da empresa, o que agiliza o processo de tomada de decisão. Como as informações ficam em forma de porcentagem e indicadores, analisar a demonstração de uma empresa multinacional ou de uma microempresa acaba sendo a mesma coisa, pois são utilizados os percentuais e indicadores dos grupos das contas em vez dos valores individuais das contas.

Isso quer dizer que, se for analisar uma empresa sociedade anônima de capital aberto utilizando as demonstrações contábeis disponibilizadas no site da BM&FBovespa, basta trabalhar com os grandes grupos, como ativo circulante, ativo não circulante, etc.

Basicamente, para se fazer a análise financeira de uma empresa são necessárias três etapas:

1ª) Realizar a análise horizontal e vertical das demonstrações contábeis.
2ª) Elaborar os indicadores (índices) financeiros.
3ª) Realizar uma análise final.

As informações das demonstrações contábeis são dinâmicas e não devem ser analisadas de maneira isolada. Por isso, depois de se realizar a análise vertical e horizontal e de elaborar os indicadores financeiros, é preciso fazer uma análise final completa levando-se em consideração toda a sinergia existente entre as informações.

A seguir, será apresentada cada uma dessas etapas, utilizando como exemplo, as demonstrações da empresa Ana Lise Financeira S. A.

BALANÇO PATRIMONIAL EM 31/1/2012
Ana Lise Financeira S. A. (em R$)

ATIVO	31/12/11	31/1/12	PASSIVO	31/12/11	31/1/12
Ativo Circulante	60.000.000	74.987.880	Passivo Circulante	25.000.000	31.353.188
Caixa	600.000	600.000	Fornecedores	11.000.000	5.610.000
Banco do Brasil S. A.	29.400.000	39.413.880	Financ. a Pagar Banco do Brasil	11.250.000	16.612.500
Clientes	4.200.000	1.974.000	Contas Diversas a Pagar	2.750.000	2.200.000
Mercadorias p/ Revenda	24.000.000	31.200.000	Dividendos a Pagar	–	2.546.374
Despesas Antecipadas	1.800.000	1.800.000	Contrib. Social a Recolher	–	1.062.864
			Imposto de Renda a Recolher	–	3.321.450

(cont.)

(cont.)

ATIVO	31/12/11	31/1/12	PASSIVO	31/12/11	31/1/12
Ativo Não Circulante	**40.000.000**	**39.023.920**	**Passivo Não Circulante**	**5.000.000**	**3.500.000**
Realizável Longo Prazo	**5.000.000**	**5.000.000**	**Exigível a Longo Prazo**	**5.000.000**	**3.500.000**
Empréstimos a Terceiros	5.000.000	5.000.000	Financ. a Pagar – Banco do Brasil	5.000.000	3.500.000
Investimentos	**10.850.000**	**10.850.000**	**Patrimônio Líquido**	**70.000.000**	**79.158.612**
Empresa ABC S. A.	10.850.000	10.850.000	Capital Social Integralizado	62.300.000	65.103.500
			Reserva de Capital	595.000	595.000
Imobilizado	**16.800.000**	**15.823.920**	**Reserva Legal**	**1.400.000**	**1.845.074**
Edifícios e Construções	2.520.000	2.520.000	Reserva para Contingência	105.000	73.500
Depr. Acumulada – Ed. Constr.	(100.800)	(365.400)	Lucros Acumulados	5.600.000	11.541.538
Veículos	6.552.000	6.945.120			
Depr. Acumulada – Veículos	(201.600)	(869.904)			
Móveis e Utensílios	8.232.000	8.232.000			
Depr. Acumulada – Móv. Utens.	(201.600)	(637.896)			
Intangível	**7.350.000**	**7.350.000**			
Marcas e Patentes	7.350.000	7.350.000			
Total do Ativo	100.000.000	114.011.800	Total do Passivo	100.000.000	114.011.800

DEMONSTRAÇÃO DO RESULTADO DO EXERCÍCIO – janeiro de 2012
Ana Lise Financeira S. A. (em R$)

(=) Receitas Brutas	**24.000.000**
(+) Receitas com Vendas	24.000.000
(–) Deduções	–
(=) Receitas Líquidas	**24.000.000**
(–) CMV	(7.200.000)
(=) Lucro Bruto	**16.800.000**
(–) Despesas Operacionais	(3.514.200)
Despesas c/ Aluguéis	(357.500)
Despesas c/ Depreciação	(1.369.200)
Despesas Financeiras	(1.787.500)
(=) Lucro Antes dos Impostos	**13.285.800**
(–) Provisão p/ CSLL	(1.062.864)
(–) Provisão p/ IRPJ	(3.321.450)
(=) Lucro Líquido	**8.901.486**

Análises vertical e horizontal

Análises vertical e horizontal nada mais são do que transformar os valores das demonstrações contábeis em porcentagens. A análise vertical corresponde à porcentagem de um determinado item em relação a um total e análise horizontal é a variação percentual dos acréscimos e decréscimos entre um período e outro.

Na análise vertical, o todo, isto é, o 100% no Balanço Patrimonial será sempre o total do ativo e do passivo, e, na DRE, será sempre a receita líquida. Para achar as porcentagens, basta dividir cada grupo pelo seu total.

No exemplo anterior, pode-se dizer que o ativo circulante de 31 de dezembro de 2008 é de 60%, ou seja, R$ 60.000.000,00 do ativo circulante dividido pelos R$ 100.000.000,00 do total do Ativo. O resultado dessa conta é 0,6. Para se transformar em porcentagem, é só multiplicar por 100 (0,6 x 100 = 60%). Portanto, a fórmula utilizada na análise vertical é:

$$\text{Análise vertical} = \frac{\text{Conta ou grupo de contas}}{\text{Total (o todo)}} \times 100$$

Dependendo da decisão a ser tomada ou da importância de uma determinada conta, pode-se fazer a análise vertical utilizando uma conta qualquer em relação ao todo, ou utilizar os grandes grupos pelo total e as contas individuais pelos seus respectivos grupos. Por exemplo, divide-se o ativo circulante pelo ativo total e o disponível, créditos, estoques e despesas antecipadas pelo ativo circulante. Na DRE, a análise fica melhor dividindo-se todos os itens pela receita líquida.

A quantidade de casas decimais também varia para cada ocasião. Geralmente, são utilizadas duas casas decimais. O importante é utilizar a mesma quantidade de casas decimais para todos os valores. Fazendo a análise vertical da empresa Ana Lise Financeira S. A., temos os quadros originais das páginas 174-5.

Note que o ativo circulante e o ativo não circulante foram divididos pelo total do ativo, assim como o passivo circulante, o passivo não circulante e o patrimônio líquido foram divididos pelo total do passivo. Já o realizável a longo prazo, investimentos, imobilizado e intangível foram divididos pelo ativo não circulante, e não pelo total do ativo. As contas individuais que não estão em negrito foram divididas pelo total de seus respectivos grupos.

ANÁLISE VERTICAL

Ana Lise Financeira S. A.

ATIVO	31/12/11	AV	31/1/12	AV
Ativo Circulante	**60.000.000**	**60,00%**	**74.987.880**	**65,77%**
Caixa	600.000	1,00%	600.000	1,00%
Banco do Brasil S. A.	29.400.000	49,00%	39.413.880	65,69%
Clientes	4.200.000	7,00%	1.974.000	3,29%
Mercadorias p/ Revenda	24.000.000	40,00%	31.200.000	52,00%
Despesas Antecipadas	1.800.000	3,00%	1.800.000	3,00%
Ativo Não Circulante	**40.000.000**	**40,00%**	**39.023.920**	**34,23%**
Realizável Longo Prazo	**5.000.000**	**12,50%**	**5.000.000**	**12,81%**
Empréstimos a Terceiros	5.000.000	100,00%	5.000.000	100,00%
Investimentos	**10.850.000**	**27,13%**	**10.850.000**	**27,80%**
Empresa ABC S. A.	10.850.000	100,00%	10.850.000	100,00%
Imobilizado	**16.800.000**	**42,00%**	**15.823.920**	**40,55%**
Edifícios e Construções	2.520.000	15,00%	2.520.000	15,00%
Depr. Acumulada – Ed. Constr.	(100.800)	– 0,60%	(365.400)	–2,18%
Veículos	6.552.000	39,00%	6.945.120	41,34%
Depr. Acumulada – Veículos	(201.600)	–1,20%	(869.904)	–5,18%
Móveis e Utensílios	8.232.000	49,00%	8.232.000	49,00%
Depr. Acumulada – Móveis e Utensílios	(201.600)	–1,20%	(637.896)	–3,80%
Intangível	**7.350.000**	**18,38%**	**7.350.000**	**18,83%**
Marcas e Patentes	7.350.000	100,00%	7.350.000	100,00%
Total do Ativo	100.000.000	100,00%	114.011.800	100,00%

ANÁLISE VERTICAL

Ana Lise Financeira S. A.

PASSIVO	31/12/11	AV	31/01/12	AV
Passivo Circulante	**25.000.000**	**25,00%**	**31.353.188**	**27,50%**
Fornecedores	11.000.000	44,00%	5.610.000	22,44%
Financ. a Pagar B. do Brasil	11.250.000	45,00%	16.612.500	66,45%
Contas Diversas a Pagar	2.750.000	11,00%	2.200.000	8,80%
Dividendos a Pagar	–	0,00%	2.546.374	10,19%
Contr. Social a Recolher	–	0,00%	1.062.864	4,25%
Imposto de Renda a Recolher	–	0,00%	3.321.450	13,29%
	–		–	
Passivo Não Circulante	**5.000.000**	**5,00%**	**3.500.000**	**3,07%**
	–		–	
Exigível a Longo Prazo	**5.000.000**	**100,00%**	**3.500.000**	**100,00%**
Financ. a Pagar – B. do Brasil	5.000.000	100,00%	3.500.000	100,00%
	–		–	
Patrimônio Líquido	**70.000.000**	**70,00%**	**79.158.612**	**69,43%**
Capital Social Integralizado	62.300.000	89,00%	65.103.500	93,01%
Reserva de Capital	595.000	0,85%	595.000	0,85%
Reserva Legal	1.400.000	2,00%	1.845.074	2,64%
Reserva para Contingência	105.000	0,15%	73.500	0,11%
Lucros Acumulados	5.600.000	8,00%		16,49%
Total do Passivo	**100.000.000**	**100,00%**	**114.011.800**	**100,00%**

Na Demonstração do Resultado do Exercício, a análise vertical ficaria assim:

ANÁLISE VERTICAL – DRE – janeiro de 2012

Ana Lise Financeira S. A.

(=) Receitas Brutas	**24.000.000**	
(+) Receitas com Vendas	24.000.000	
(–) Deduções	–	
(=) Receitas Líquidas	**24.000.000**	**100%**
(–) CMV	(7.200.000)	–30,00%
(=) Lucro Bruto	**16.800.000**	**70,00%**
(–) Despesas Operacionais	(3.514.200)	–14,64%
Despesas c/ Aluguéis	(357.500)	–1,49%
Despesas c/ Depreciação	(1.369.200)	–5,71%
Despesas Financeiras	(1.787.500)	–7,45%
(=) Lucro Antes dos Impostos	**13.285.800**	**55,36%**
(–) Provisão p/ CSLL	(1.062.864)	–4,43%
(–) Provisão p/ IRPJ	(3.321.450)	–13,84%
(=) Lucro Líquido	**8.901.486**	**37,09%**

Por meio dessas porcentagens, é possível já ter uma rápida ideia de como está a situação financeira da empresa. No curto prazo, por exemplo, a empresa está muito tranquila, pois, tanto em 2008 (60% contra 25%) quanto em 2011 (65,77% contra 27,50%), o ativo circulante está bem maior que o passivo circulante, mostrando que a empresa possui plena capacidade de honrar com seus compromissos de curto prazo.

Na DRE, também é possível verificar algumas informações importantes, como a lucratividade da empresa em relação à sua receita, que é de 37,09%, o que representa um ótimo desempenho.

Para elaborar a análise horizontal, basta pegar conta por conta e verificar a sua variação em termos percentuais entre um exercício e outro. A fórmula para o cálculo é esta:

$$\text{Análise horizontal} = \frac{\text{Valor atual} - \text{Valor anterior}}{\text{Valor anterior}} \times 100$$

Utilizando as informações da empresa Ana Lise Financeira S. A., iremos elaborar a análise horizontal apenas do Balanço Patrimonial, pois a DRE é apresentada em somente um período.

ANÁLISE HORIZONTAL
Ana Lise Financeira S. A.

ATIVO	31/12/11	31/1/12	AH
Ativo Circulante	**60.000.000**	**74.987.880**	**24,98%**
Caixa	600.000	600.000	0,00%
Banco do Brasil S. A.	29.400.000	39.413.880	34,06%
Clientes	4.200.000	1.974.000	–53,00%
Mercadorias p/ Revenda	24.000.000	31.200.000	30,00%
Despesas Antecipadas	1.800.000	1.800.000	0,00%
Ativo Não Circulante	**40.000.000**	**39.023.920**	**–2,44%**
Realizável Longo Prazo	**5.000.000**	**5.000.000**	**0,00%**
Empréstimos a Terceiros	5.000.000	5.000.000	0,00%
Investimentos	**10.850.000**	**10.850.000**	**0,00%**
Empresa ABC S. A.	10.850.000	10.850.000	0,00%
Imobilizado	**16.800.000**	**15.823.920**	**–5,81%**
Edifícios e Construções	2.520.000	2.520.000	0,00%
Depr. Acumulada – Ed. Constr.	(100.800)	(365.400)	262,50%
Veículos	6.552.000	6.945.120	6,00%
Depr. Acumulada – Veículos	(201.600)	(869.904)	331,50%

(cont.)

(cont.)

ATIVO	31/12/11	31/1/12	AH
Móveis e Utensílios	8.232.000	8.232.000	0,00%
Depr. Acumulada – Móv. Utens.	(201.600)	(637.896)	216,42%
Intangível	7.350.000	7.350.000	0,00%
Marcas e Patentes	7.350.000	7.350.000	0,00%
Total do Ativo	100.000.000	114.011.800	14,01%

ANÁLISE HORIZONTAL
Ana Lise Financeira S. A.

PASSIVO	31/12/11	31/1/12	AH
Passivo Circulante	**25.000.000**	**31.353.188**	**25,41%**
Fornecedores	11.000.000	5.610.000	–49,00%
Financ. a Pagar – B. do Brasil	11.250.000	16.612.500	47,67%
Contas Diversas a Pagar	2.750.000	2.200.000	–20,00%
Dividendos a Pagar	–	2.546.374	
Contr. Social a Recolher	–	1.062.864	
Imposto de Renda a Recolher	–	3.321.450	
	–	–	
Passivo Não Circulante	**5.000.000**	**3.500.000**	**–30,00%**
	–	–	
Exigível a Longo Prazo	**5.000.000**	**3.500.000**	**–30,00%**
Financ. a Pagar – B. do Brasil	5.000.000	3.500.000	–30,00%
	-	–	
Patrimônio Líquido	**70.000.000**	**79.158.612**	**13,08%**
Capital Social Integralizado	62.300.000	65.103.500	4,50%
Reserva de Capital	595.000	595.000	0,00%
Reserva Legal	1.400.000	1.845.074	31,79%
Reserva para Contingência	105.000	73.500	–30,00%
Lucros Acumulados	5.600.000	11.541.538	106,10%
Total do Passivo	100.000.000	114.011.800	14,01%

Perceba que a fórmula foi utilizada igualmente para todas as contas. Com a análise horizontal, pode-se verificar que o ativo circulante aumentou em 24,98% e o passivo circulante, em 25,41%.

Embora o passivo circulante tenha aumentado mais do que o ativo circulante, perceba que a empresa diminuiu o seu passivo exigível a longo Prazo em 30%, o que mostra um resultado tão bom que até foi possível pagar parte do financiamento a longo prazo. Além disso, o lucro que a empresa tem hoje retido é 106,10%, muito maior do que o anterior, mais do que o dobro.

A grande pergunta talvez seja: quais contas devo utilizar para fazer a análise financeira de uma empresa?

A resposta é simples: todas quantas forem necessárias. Para cada tipo de decisão, é preciso considerar um determinado grupo de contas. Por exemplo, se estou tomando uma decisão relacionada ao pagamento das contas deste ano, isto é, se estou querendo saber se minha empresa terá ou não dinheiro para pagar suas contas até o final do ano, posso dispensar algumas contas, como as do imobilizado, que, para essa decisão, não têm tanta importância. Nesse caso, o foco das atenções está nas contas do ativo circulante, passivo circulante e na DRE.

O importante é perceber a sinergia existente entre as contas e as possibilidades que a empresa tem de utilizar os seus recursos em benefício próprio. Por isso, o *feeling*, ou seja, a percepção, a experiência da pessoa que utiliza as informações contábeis é muito importante. Muitas vezes, as decisões estão cercadas de variáveis que são imprevisíveis e o que parecia tão óbvio pode não acontecer como se esperava.

Indicadores financeiros

Como existem muitas informações extraídas das análises vertical e horizontal, podem ser utilizados indicadores (ou índices) financeiros para facilitar o processo de análise. Para gerar esses indicadores, são confrontados os dados de uma conta com outra, ou de várias contas com várias outras contas. O objetivo é olhar um determinado valor e poder dizer se isso é bom ou ruim para a empresa.

Imagine que seja criado um indicador para verificar o sucesso de sua empresa. Se o resultado for igual a 1, sua empresa teve um desempenho médio, se for abaixo de 1, sua empresa teve um desempenho abaixo do esperado e, se for maior do que 1, sua empresa foi um sucesso.

Então, pegamos várias contas que julgamos ter relacionamento com o sucesso de uma empresa e as combinamos de modo a chegar em um valor final. Se eu lhe disser que o resultado foi 1,5, independente de você ter ou não visto as demonstrações contábeis, saberá que a sua empresa está bem, pois foi dito que, se o valor fosse acima de 1, sua empresa seria sinônimo de sucesso.

Existem inúmeros indicadores que podem ser utilizados na análise das demonstrações contábeis, uma vez que é possível se elaborar uma infinidade de combinações. Neste livro, por se tratar de uma iniciação, iremos trabalhar apenas com os indicadores de liquidez, endividamento e rentabilidade, mas existem vários outros tipos de indicadores, como os de atividade, estrutura, mercado de ações, bancários, entre outros.

Os primeiros indicadores, ou índices, que iremos trabalhar são os índices de liquidez. Como o próprio nome diz, esses índices mostram a capacidade da empresa em honrar seus compromissos. Eles podem ser divididos em índices de liquidez corrente, seca, imediata e geral.

O índice de liquidez corrente (LC) mede a capacidade da empresa em pagar suas contas de curto prazo. A fórmula é a seguinte:

$$LC = \frac{\text{Ativo Circulante}}{\text{Passivo Circulante}}$$

Se o ativo circulante for igual ao passivo circulante, ou seja, se o resultado desse índice for igual a 1, a empresa paga as suas contas e não sobra nada. Se o ativo circulante for maior, o resultado será maior do que 1, pois, além de pagar as contas, ainda irá sobrar alguma coisa. Se o passivo circulante for maior, a empresa não conseguirá pagar suas contas, e o resultado do índice será menor do que 1.

Portanto, dizemos que, quanto maior esse índice, melhor. Aliás, essa interpretação deve ser feita para todos os índices de liquidez. Para comprovar essa lógica, utilizaremos os dados da empresa Ana Lise Financeira S. A., que se encontrava muito bem no curto prazo. Se aplicarmos o índice de liquidez corrente, teremos um resultado maior do que 1:

$$\text{LC 2011} = \frac{\text{AC} = 60.000.000{,}00}{\text{PC} = 25.000.000{,}00} = 2{,}4$$

$$\text{LC 2012} = \frac{\text{AC} = 74.987.880{,}00}{\text{PC} = 31.353.188{,}00} = 2{,}39$$

Perceba que, tanto em 2011 quanto em 2012, o resultado foi muito bom. A empresa sempre teve uma grande sobra em relação às suas obrigações. A interpretação correta do indicador é dizer que, para cada R$ 1,00 que a empresa deve a curto prazo, tem R$ 2,40 para pagar suas contas (no ano de 2008).

Mas o ativo circulante não é formado apenas por dinheiro, e, se a empresa quiser realmente pagar suas contas, terá que receber suas vendas a prazo e vender seus estoques.

O Estoque é um dos principais elementos do ativo circulante e, imaginando que a empresa possa não conseguir vendê-lo, é possível não considerá-lo na conta acima. Será que a empresa, sem computar seus estoques, continuará conseguindo pagar suas contas? Para responder a essa pergunta, iremos utilizar o índice de liquidez seca (LS). Como foi dito antes, basta desconsiderar o estoque no cálculo da liquidez corrente. Portanto, sua fórmula é:

$$\text{LS} = \frac{\text{Ativo Circulante} - \text{Estoque}}{\text{Passivo Circulante}}$$

Considerando os dados da empresa Ana Lise Financeira S. A., temos:

$$\text{LS 2011} = \frac{60.000.000{,}00 - 24.000.000{,}00}{25.000.000{,}00} = 1{,}44$$

$$\text{LS 2012} = \frac{74.987.880{,}00 - 31.200.000{,}00}{31.353.188{,}00} = 1{,}4$$

Mesmo sem o estoque, a empresa ainda continuaria conseguindo pagar suas contas, pois, para cada R$ 1,00 de dívidas de curto prazo, ainda teria R$ 1,44 de ativos, sem considerar o estoque (no ano de 2011).

Mas e se a empresa, além de não conseguir vender os estoques, não conseguisse receber os valores a prazo de seus clientes? Conseguiria ela continuar honrando seus compromissos? Na verdade, o que se quer saber é se a empresa, somente com os recursos do disponível (caixa, bancos e aplicações de liquidez imediata) conseguiria pagar suas contas de curto prazo ou, pelo menos, quanto iria faltar. Assim, é preciso calcular o índice de Liquidez imediata (LI), onde são utilizados apenas os valores do disponível. A fórmula é a seguinte:

$$\text{LI} = \frac{\text{Disponível}}{\text{Passivo Circulante}}$$

Considerando os dados da empresa Ana Lise Financeira S. A., temos:

$$\text{LI 2011} = \frac{600.000{,}00 + 29.400.000{,}00}{25.000.000{,}00} = 1{,}2$$

$$\text{LI 2012} = \frac{600.000{,}00 + 39.413.880{,}00}{31.353.188{,}00} = 1{,}28$$

Pasmem, mas essa empresa está tão boa que, somente com o que ela tem no disponível, independentemente de conseguir receber os valores a prazo de seus clientes ou conseguir vender as mercadorias do estoque, consegue pagar tranquilamente todas as suas contas no curto prazo.

Mas e se quisermos saber se a empresa consegue pagar as suas contas tanto no curto quanto no longo prazo? Basta considerar tanto as contas de curto quanto as de longo prazo. Nesse caso, é utilizado o índice de liquidez geral (LG) e a fórmula é a seguinte:

$$LG = \frac{AC + ARLP}{PC + PELP}$$

Considerando os dados da empresa Ana Lise Financeira, temos:

$$LG\ 2011 = \frac{60.000.000,00 + 5.000.000,00}{25.000.000,00 + 5.000.000,00} = 2,17$$

$$LG\ 2012 = \frac{74.987.880,00 + 5.000.000,00}{31.353.188,00 + 3.500.000,00} = 2,29$$

Em todos os índices de liquidez, a empresa se manteve acima de 1, o que mostra a sua situação confortável em relação à liquidez. Um dos fatores que garante a liquidez da empresa é a forma como ela estrutura o seu capital, ou seja, a forma como se financia.

Uma empresa pode optar por utilizar como principal fonte de recursos o capital de terceiros, por exemplo, aquela que financiou por meio dos bancos a maior parte do seu patrimônio. Ou, então, pode optar por captar recursos através de seus sócios, isto é, através de capital próprio. Pode, ainda, ficar no meio-termo, balanceando as duas fontes de recursos. Tudo dependerá de quanto a empresa terá que pagar pela captação do dinheiro.

A escolha pela melhor forma de financiamento varia de empresa para empresa, de acordo com o risco do negócio. Quanto mais arriscado for o negócio, mais a empresa procurará parceiros ou sócios no seu empreendimento. Se o sucesso for garantido, a empresa procurará se endividar com terceiros, uma vez que, quando concretizar o lucro, poderá pagar os que lhe emprestaram o dinheiro e ficará com a grande bolada.

Para saber como a empresa está financiada, utilizamos os índices de endividamento. Também existem várias combinações possíveis, mas iremos trabalhar com apenas três índices de endividamento: participação de capital de terceiros em relação aos recursos totais, participação de capital de terceiros em relação ao capital próprio, e participação das dívidas de curto prazo sobre o endividamento total.

A participação de capital de terceiros em relação aos recursos totais tem como objetivo verificar qual porcentagem representa o capital de terceiros no Balanço Patrimonial. A sua fórmula é:

$$\text{Participação Terceiros/Ativo} = \frac{\text{PC + PELP}}{\text{Ativo}}$$

Considerando os dados da empresa Ana Lise Financeira, temos:

$$\text{Participação Terceiros/Ativo 2011} = \frac{25.000.000{,}00 + 5.000.000{,}00}{100.000.000{,}00} = 0{,}30$$

$$\text{Participação Terceiros/Ativo 2012} = \frac{31.353.188{,}00 + 3.500.000{,}00}{114.011.800{,}00} = 0{,}31$$

A participação de capital de terceiros em 2011 é de 0,30, ou seja, 30%. Isso quer dizer que a empresa financiou 30% de seu patrimônio utilizando capital de terceiros e, consequentemente, 70% por meio de capital próprio. Em 2012, houve uma variação muito pequena (de 30% para 31%).

O segundo índice de endividamento que iremos utilizar é a participação de capital de terceiros em relação ao capital próprio. Esse índice mostra que, para cada R$ 1,00 de capital próprio, existem X reais de capital de terceiros. A fórmula a ser utilizada é:

$$\text{Participação Terceiros/PL} = \frac{\text{PC + PELP}}{\text{Patrimônio Líquido}}$$

Considerando os dados da empresa Ana Lise Financeira, temos:

$$\text{Participação Terceiros/PL 2011} = \frac{25.000.000{,}00 + 5.000.000{,}00}{70.000.000{,}00} = 0{,}43$$

$$\text{Participação Terceiros/PL 2012} = \frac{31.353.188{,}00 + 3.500.000{,}00}{79.158.612{,}00} = 0{,}44$$

Perceba que nos dois períodos os resultados foram menores do que 1, o que significa que a empresa possui mais capital próprio do que de terceiros. A interpretação do resultado é que, para cada R$ 1,00 de capital próprio investido na empresa, tem-se R$ 0,43 e R$ 0,44 de capital de terceiros nos anos de 2011 e 2012, respectivamente.

Uma outra informação importante é se a empresa está acumulando a maior parte de suas dívidas no curto prazo. No caso de a empresa estar passando por dificuldades financeiras, o ideal é que empurre suas dívidas para o longo prazo, renegociando os valores e taxas com seus fornecedores, bancos e demais credores.

Como o patrimônio líquido se refere às obrigações da empresa para com os seus sócios, e essas não possuem um prazo certo para serem pagas, utiliza-se para o cálculo apenas o exigível total, ou seja, todas as contas do Passivo, exceto as do patrimônio líquido.

Dessa forma, para se medir o nível de endividamento da empresa no curto prazo, é utilizado o índice de participação das dívidas de curto prazo sobre o endividamento total. A fórmula é a seguinte:

$$\text{Div. C. Prazo s/Exig. Total} = \frac{\text{Passivo Circulante}}{\text{PC + PELP}}$$

A interpretação desse índice é que, do total da dívida da empresa com terceiros, X% está no curto prazo. Considerando os dados da empresa Ana Lise Financeira, temos:

$$\text{Div. C. Prazo s/Exig. Total 2011} = \frac{25.000.000{,}00}{25.000.000{,}00 + 5.000.000{,}00} = 0{,}83$$

$$\text{Div. C. Prazo s/Exig. Total 2012} = \frac{31.353.188{,}00}{31.353.188{,}00 + 3.500.000{,}00} = 0{,}90$$

Analisando os resultados, percebe-se que a maior parte da dívida da empresa com terceiros, em ambos os períodos, está no curto prazo, isto é, 0,83 ou 83% em 2011 e 0,90 ou 90% em 2012.

O último grupo de índices a ser verificado é o de rentabilidade. Esses índices medem o retorno do investimento gerado pela empresa. Seus resultados podem ser comparados com outros investimentos, como ações, aplicações financeiras, etc., e verificados quais são os mais atraentes, ou rentáveis.

Várias são as combinações utilizadas nos índices de rentabilidade, mas vamos trabalhar apenas com os dois principais: taxa de retorno sobre o investimento (TRI) e taxa de retorno sobre o patrimônio líquido (TRPL).

A taxa de retorno sobre o investimento (ou ativo), também conhecida como ROA (*return on assets*), mede a eficiência da empresa em gerar resultados através de seus ativos. A fórmula utilizada é:

$$\text{TRI} = \frac{\text{Lucro Líquido}}{\text{Ativo}} \times 100$$

Considerando os dados da empresa Ana Lise Financeira, temos:

$$TRI = \frac{8.901.486,00}{114.011.800,00} \times 100 = 7,81\%$$

A fórmula foi feita somente para o ano de 2012, pois é o único período que apresenta a DRE. O resultado significa que empresa consegue gerar, com a utilização de seus ativos, um retorno de 7,81%. Se isso é bom ou ruim, é preciso comparar com outros tipos de investimentos que possam servir de base para uma análise mais concreta.

É importante destacar que esse retorno não compete aos sócios, isto é, os sócios não estão ganhando 7,81% sobre o que investiram na empresa, pois a sua parte se refere apenas ao patrimônio líquido. Por isso, é utilizada taxa de retorno sobre o patrimônio líquido, também conhecida como ROE (*return on equity*), que mede a lucratividade dos sócios. A fórmula é:

$$TRPL = \frac{\text{Lucro Líquido}}{\text{Patrimônio Líquido}} \times 100$$

Considerando os dados da empresa Ana Lise Financeira, temos:

$$TRPL = \frac{8.901.486,00}{79.158.612,00} \times 100 = 11,25\%$$

O resultado mostra que a empresa está gerando para os sócios uma lucratividade de 11,25%. Se isso é bom ou ruim, os sócios também precisam comparar com outros investimentos disponíveis para eles. Se o retorno com outros investimentos for maior do que 11,25%, os sócios podem preferir vender a sua parte na empresa e investir em outro lugar.

Além da TRI e da TRPL, pode-se analisar a lucratividade da empresa utilizando as informações da análise vertical da DRE, isto é, as porcentagens do lucro bruto e lucro líquido. Com isso, pode-se verificar se os lucros apurados período a período estão dentro das expectativas da empresa. Caso contrário, medidas como aumentos nas receitas e diminuições nos custos e despesas precisarão ser tomadas.

Análise final

Depois de geradas todas as informações verificadas anteriormente, é preciso realizar uma análise final, apresentando um resumo da situação financeira da empresa. Pode-se utilizar um texto embasado nos valores encontrados, um gráfico comparativo dos indicadores, uma tabela com os principais elementos das análises, entre outros recursos. O importante é transmitir de forma clara e objetiva as informações apuradas pela análise financeira. Nessa hora, o domínio da informática pode fazer grande diferença.

Todos os cálculos das análises horizontal e vertical e índices financeiros podem ser elaborados instantaneamente utilizando os recursos do computador. Até mesmo utilizando planilhas eletrônicas, como o MS-Excel, é possível montar um painel contendo centenas de indicadores.

No entanto, é preciso que a análise esteja focada para a decisão que está sendo tomada. A razão para o resultado de um determinado indicador pode ser explicada pela análise de vários outros indicadores. O mais importante não é gerar esses números, mas saber quando e onde utilizá-los, saber interpretá-los corretamente.

O perfeito entendimento sobre cada grupo de contas da estrutura do Balanço Patrimonial e da Demonstração do Resultado do Exercício facilita muito a análise financeira. Por isso, as pessoas que utilizam as informações contábeis precisam entender como suas demonstrações são elaboradas, para poder realizar uma melhor análise da situação financeira das empresas.

A análise das demonstrações contábeis é uma ótima ferramenta de gestão, mas, pela complexidade do mundo dos negócios, precisa ser complementada com várias outras informações, como as de ordem conjuntural, política e econômica.

Não existe uma fórmula mágica capaz de demonstrar qual é a decisão perfeita para determinada ocasião. Mas, utilizando ferramentas como a análise das demonstrações contábeis, é possível diminuir a margem de erro e obter maiores acertos no processo de tomada de decisão.

EXERCÍCIOS

1) Considere as demonstrações abaixo da empresa Completa S. A.:

ATIVO	31/12/11	31/1/12	PASSIVO	31/12/11	31/1/12
Ativo Circulante	**36.000.000**	**23.943.420**	**Passivo Circulante**	**54.000.000**	**44.751.930**
Caixa	36.000	36.000	Fornecedores	37.800.000	19.278.000
Banco do Brasil S. A.	1.764.000	10.695.420	Financ. a Pagar B. do Brasil	10.800.000	20.304.000
Clientes	18.000.000	8.460.000	Contas Diversas a Pagar	5.400.000	4.320.000
Mercadorias p/ Revenda	15.480.000	4.032.000	Dividendos a Pagar	–	366.266
Despesas Antecipadas	720.000	720.000	Contr. Social a Recolher	–	117.252
			Imposto de Renda a Recolher	–	366.413
Ativo Não Circulante	**84.000.000**	**83.320.230**	**Passivo Não Circulante**	**18.000.000**	**12.600.000**
Realizável Longo Prazo	**6.000.000**	**6.000.000**	**Exigível a Longo Prazo**	**18.000.000**	**12.600.000**
Empréstimos a Terceiros	6.000.000	6.000.000	Financ. a Pagar – B. do Brasil	18.000.000	12.600.000
Investimentos	**2.340.000**	**2.340.000**	**Patrimônio Líquido**	**48.000.000**	**49.911.720**
Empresa ABC S. A.	2.340.000	2.340.000	Capital Social Integralizado	28.800.000	30.096.000
			Reserva de Capital	2.400.000	2.400.000

(cont.)

(cont.)

ATIVO	31/12/11	31/1/12	PASSIVO	31/12/11	31/1/12
Imobilizado	11.700.000	11.020.230	Reserva Legal	1.440.000	1.489.099
Edifícios e Construções	1.755.000	1.755.000	Reserva para Contingência	960.000	672.000
Depr. Acumulada – Ed. Constr.	(70.200)	(254.475)	Lucros Acumulados	14.400.000	15.254.620
Veículos	4.563.000	4.836.780			
Depr. Acumulada – Veículos	(140.400)	(605.826)			
Móveis e Utensílios	5.733.000	5.733.000			
Depr. Acumulada – Móv. Utens.	(140.400)	(444.249)			
Intangível	63.960.000	63.960.000			
Marcas e Patentes	63.960.000	63.960.000			
Total do Ativo	120.000.000	107.263.650	Total do Passivo	120.000.000	107.263.650

DEMONSTRAÇÃO DO RESULTADO DO EXERCÍCIO – janeiro de 2012

Completa S. A. (Em R$)

(=) Receitas Brutas	**34.560.000**
(+) Receitas com Vendas	34.560.000
(–) Deduções	–
(=) Receitas Líquidas	**34.560.000**
(–) CMV	(20.736.000)
(=) Lucro Bruto	**13.824.000**
(–) Despesas Operacionais	**(12.358.350)**
Despesas c/ Aluguéis	(5.068.800)
Despesas c/ Depreciação	(953.550)
Despesas Financeiras	(6.336.000)
(=) Lucro Antes dos Impostos	**1.465.650**
(–) Provisão p/ CSLL	(117.252)
(–) Provisão p/ IRPJ	(366.413)
(=) Lucro Líquido	**981.986**

Pede-se:

a) Realize a análise vertical do Balanço Patrimonial e da DRE.

b) Realize a análise horizontal do Balanço Patrimonial.

c) Encontre os índices de liquidez, endividamento e lucratividade, comentando em cada resultado se ele é bom ou ruim para a empresa.

d) Elabore um texto utilizando as principais informações apresentadas pela análise, contemplando os seguintes itens:

   1) Liquidez da empresa no curto e no longo prazo.

   2) Endividamento da empresa.

   3) Participação dos custos e despesas no resultado da empresa.

   4) Lucratividade da empresa.

2) Entre no *site* da BM&FBovespa (www.bovespa.com.br) e baixe o Balanço Patrimonial e a DRE de uma empresa qualquer. Em seguida, refaça as mesmas questões do exercício anterior para a empresa escolhida.

Referências utilizadas

BM&FBOVESPA. Bolsa de Valores, Mercadorias e Futuros, disponível em www.bm&bovespa.com.br. Acesso em 1º de março de 2012.

BRASIL. Lei nº 6.404, de 15 de dezembro de 1976. Dispõe sobre as Sociedades por Ações. Diário Oficial [da] República Federativa do Brasil, Brasília, DF, 17 de dezembro de 1976.

BRASIL2. Lei nº 11.638, de 27 de dezembro de 2007. Altera os artigos 176 a 179, 181 a 184, 187, 188, 197, 199, 226 e 248 da Lei nº 6.404, de 15 de dezembro de 1976. Diário Oficial [da] República Federativa do Brasil, Brasília, DF, 28 de dezembro de 2007.

BRASIL3. Resolução CFC nº 1.049/2005. Altera a redação da NBC T3 – Conceito, conteúdo, estrutura e nomenclatura das demonstrações contábeis. Ata CFC nº 878, Brasília, DF, 7 de outubro de 2005.

BRASIL4. Resolução CFC nº 1.121/2008. Aprova a NBC T1 – Estrutura conceitual para a elaboração e apresentação das demonstrações contábeis. Ata CFC nº 910, Brasília, DF, 28 de março de 2008.

BRASIL5. Lei nº 11.941/2009. Altera a legislação tributária federal relativa ao parcelamento ordinário de débitos tributários; concede remissão nos casos em que especifica; institui regime tributário de transição, alterando o Decreto nº 70.235, de 6 de março de 1972, as Leis nºs 8.212, de 24 de julho de 1991, 8.213, de 24 de julho de 1991, 8.218, de 29 de agosto de 1991, 9.249, de 26 de dezembro de 1995, 9.430, de 27 de dezembro de 1996, 9.469, de 10 de julho de 1997, 9.532, de 10 de dezembro de 1997, 10.426, de 24 de abril de 2002, 10.480, de 2 de julho de 2002, 10.522, de 19 de julho de

2002, 10.887, de 18 de junho de 2004, e 6.404, de 15 de dezembro de 1976, o Decreto-lei nº 1.598, de 26 de dezembro de 1977, e as Leis nºs 8.981, de 20 de janeiro de 1995, 10.925, de 23 de julho de 2004, 10.637, de 30 de dezembro de 2002, 10.833, de 29 de dezembro de 2003, 11.116, de 18 de maio de 2005, 11.732, de 30 de junho de 2008, 10.260, de 12 de julho de 2001, 9.873, de 23 de novembro de 1999, 11.171, de 2 de setembro de 2005, 11.345, de 14 de setembro de 2006; prorroga a vigência da Lei nº 8.989, de 24 de fevereiro de 1995; revoga dispositivos das Leis nºs 8.383, de 30 de dezembro de 1991, e 8.620, de 5 de janeiro de 1993, do Decreto-lei nº 73, de 21 de novembro de 1966, das Leis nºs 10.190, de 14 de fevereiro de 2001, 9.718, de 27 de novembro de 1998, e 6.938, de 31 de agosto de 1981, 9.964, de 10 de abril de 2000, e, a partir da instalação do Conselho Administrativo de Recursos Fiscais, os Decretos nºs 83.304, de 28 de março de 1979, e 89.892, de 2 de julho de 1984, e o artigo 112 da Lei nº 11.196, de 21 de novembro de 2005; e dá outras providências. Diário Oficial [da] República Federativa do Brasil, Brasília, DF, 28 de maio de 2009.

BRASIL6. Orientação CPC 02. Esclarecimentos sobre as Demonstrações Contábeis de 2008. Ata CPC, Brasília, DF, 30 de janeiro de 2009.

BRASIL7. Pronunciamento Técnico CPC 03. Demonstração dos Fluxos de Caixa. Ata CPC, Brasília, DF, 13 de junho de 2008.

BRASIL8. Pronunciamento Técnico CPC 09. Demonstração do Valor Adicionado. Ata CPC nº 29, Brasília, DF, 30 de outubro de 2008.

CÓDIGO COMERCIAL. Organização Anne Joyce Angher. 12ª ed. São Paulo: Rideel, 2006.

FIPECAFI. *Manual de contabilidade.* São Paulo: Atlas, 2010.

HENDRIKSEN, Eldon. S. & VAN BREDA, Michael. F. *Teoria da contabilidade.* 5ª ed. São Paulo: Atlas, 1999.

MARION, José Carlos. *Contabilidade empresarial.* 14ª ed. São Paulo: Atlas, 2009.

RIBEIRO, Osni Moura. *Contabilidade avançada.* São Paulo: Saraiva, 2005.

Agradecimentos

Agradeço a Deus por todas as bênçãos recebidas em minha vida, por ter me iluminado durante meus estudos e por me direcionar na elaboração deste livro.

Aos meus pais, Diogo e Maria, pela paciência e perseverança que tiveram em minha educação e por sempre estarem ao meu lado em tudo o que faço.

Dedico este livro à minha esposa Michelle pelo conforto ao meu lado e aos nossos filhos Íris e Lucca, frutos do nosso amor.

Também não deixaria de mencionar os amigos do Senac, equipe de São João da Boa Vista, pela amizade e pelo apoio na publicação do livro.

Também o dedico a todos aqueles que, assim como eu, acreditam não haver dificuldades que impeçam a realização de um sonho.

Quando o escrevi, imaginava-me na sala de aula, conversando com meus alunos. Por isso, representa muito mais que um simples livro, mas a concretização de um sonho de infância perseguido duramente com muita fé e dedicação: tornar-me um professor.